16. KONFERENZ »TRIALOG DER KULTUREN«

Israel im Auge des Sturms

Gesellschaftlich gespalten – politisch gefordert

HERAUSGEGEBEN IM AUFTRAG
DER HERBERT QUANDT-STIFTUNG
VON BERNADETTE SCHWARZ-BOENNEKE
UNTER MITARBEIT VON STEPHANIE HOHN

HERDER
FREIBURG · BASEL · WIEN

Inhalt

Zum Geleit

VON SUSANNE KLATTEN

Seit 2002 bietet die Herbert Quandt-Stiftung jungen Journalisten aus Deutschland, Israel und den palästinensischen Gebieten die Möglichkeit, für sechs Monate Erfahrungen als Auslandskorrespondenten zu sammeln. Die deutschen Nachwuchsmedienmacher studieren und arbeiten ein halbes Jahr lang im Nahen Osten; Israelis und Palästinenser lernen in Deutschland Sprache und journalistische Arbeitsweisen kennen – und knüpfen hier zumeist erstmals Kontakte untereinander. Alle Stipendiaten verlassen in diesen Monaten ihre vertraute Perspektive und erhalten einen differenzierten Einblick in die komplexe gesellschaftliche und politische Situation der jeweiligen Gastregion sowie ein besseres Verständnis für die Entwicklungen vor Ort.

Mit diesem Projekt ist die Herbert Quandt-Stiftung dem Nahen Osten und vor allem Israel seit vielen Jahren verbunden. Das zehnjährige Bestehen des Stipendienprogramms haben wir zum Anlass genommen, Israels innergesellschaftliche und außenpolitische Herausforderungen in der »Trialog der Kulturen«-Konferenz 2012 zu thematisieren. Darüber hinaus führt die Tagung thematisch wichtige Fragen der Entwicklungen im Nahen Osten fort, welche in der Jahreskonferenz 2011 zu den revolutionären Umbrüchen in der arabischen Welt gestellt und diskutiert worden waren. Es entspricht dem Selbstverständnis der Stiftung, Themen und Projekte über einen längeren Zeitraum zu verfolgen, um Entwicklungen begleiten und Fragen ausführlich diskutieren zu können. Das vorliegende Buch bildet daher eine Reihe mit zwei früheren Beiträgen zu diesem Thema: dem Begleitband zur vorjährigen Konferenz »Neue Autoritäten in der arabischen Welt?« (Verlag Herder) und dem Sammelband »Reisen nach Jerusalem« (Societäts-Verlag) mit Reportagen unserer Stipendiaten und wissenschaftlichen Beiträgen zu Medien und Gesellschaft in Israel.

»Israel im Auge des Sturms« lässt verschiedene israelische und deutsche Stimmen zu Wort kommen, die drängende gesellschaftliche Fragen in Israel benennen und Richtungen für mögliche Antworten vorschlagen: Kann es dem Staat gelingen, der ethnischen, religiösen und kulturellen Heterogenität seiner Einwohner gerecht zu werden? Wie kommt es, dass die Siedler einen derart großen Einfluss auf die israelische Politik haben und welche Folge hat dies langfristig für die israelische Gesellschaft? Wie stellt sich das Leben für einen jungen Ultraorthodoxen dar, der eigenen religiösen Traditionen folgen will oder muss, zugleich aber einen Beruf ausüben und einen akzeptierten Platz in der Gesellschaft einnehmen möchte? Welches Selbstverständnis hat die große Zahl der Palästinenser in Israel und wie sehen sie sich in Staat und Gesellschaft repräsentiert? Außenpolitisch betrachtet bleibt Israel weiter von Stürmen umgeben. Die Umbrüche in Ägypten dauern an, ebenso die kriegerischen Auseinandersetzungen in Syrien. Auch die Bedrohung durch den Iran ist keineswegs gebannt. Alte Verbündete verlieren an Bedeutung, strategische Machtverhältnisse ändern sich. Wie geht Israel mit diesem Wandel um und wie positioniert sich die zunehmend an Bedeutung gewinnende Türkei in diesem Spannungsfeld? Nicht zuletzt wird die häufig als »schwierig« bezeichnete Beziehung zwischen Israel und Deutschland thematisiert. Einen interessanten Blick auf das Verhältnis beider Länder gibt eine Analyse der israelischen Diskussionen über die Israel-Kritik in Deutschland. Ich wünsche eine anregende Lektüre!

Jerusalem: Blick vom jüdischen Viertel auf den Felsendom

Einleitung

VON BERNADETTE SCHWARZ-BOENNEKE

Seit dem Jahr 2011 befindet sich der Nahe Osten in einer andauernden Umbruchsituation. In Ägypten ist die erste demokratisch gewählte Regierung unter Ministerpräsident Mohammed Mursi gestürzt; in Syrien dauert der Bürgerkrieg schon zwei Jahre und ein Ende ist nicht absehbar; im Juni 2013 begannen Bürger der Türkei, gegen die Politik von Recep Tayyip Erdoğan zu demonstrieren, und im Iran ist ein neuer Mann an der Macht. Wie diese Entwicklungen in den einzelnen Ländern tatsächlich zu bewerten sind und wohin sie in der Region führen, ist weiterhin nicht endgültig absehbar. Diese Umbruchsituation stellt weiterhin einen Unsicherheitsfaktor für die Länder in der Region und damit auch für Israel dar.

Israel hatte in den vergangenen Jahrzehnten eine strategisch relativ stabile Position in der Region erlangt unter anderem über den Friedensvertrag mit Ägypten, die Berechenbarkeit des syrischen Gegners und die stabile Freundschaft mit den Vereinigten Staaten. Seit dem Ausbruch des »Arabischen Frühlings« jedoch sind die bisherigen Machtverhältnisse aufgehoben. Israel befindet sich im Auge des arabischen Sturms.

Richtet man den Blick auf Israel selbst, so steht vor und über allen anderen Themen der Nahostkonflikt. In den vergangenen vier Jahren herrschte völliger Stillstand in den Bemühungen, Israelis und Palästinenser erneut an den Verhandlungstisch zurückzuführen. Beide Seiten machten jeweils die andere Seite dafür verantwortlich, dass keine Gespräche stattfanden. Nichtsdestotrotz äußern Palästinenser und Israelis gleichermaßen, dass der Status quo nicht aufrechtzuerhalten ist. Wie leicht die Situation explodieren kann, zeigten die kriegerischen Auseinandersetzungen im November 2012 zwischen Israel und dem Gaza-Streifen. Die Tagung, die Basis für die vorliegende Publikation der Herbert Quandt-Stiftung ist, fand in dieser Zeit statt und war in der Diskussion zwischen dem ehemaligen Botschafter *Shimon Stein*, dem *FAZ*-Nahostkorrespondenten, *Hans-Christian Rößler*, dem Leiter der Internetportals *Qantara*, *Loay Mudhoon*, sowie dem israelischen Journalisten und Publizisten, *Gil Yaron*, von den Ereignissen geprägt.

Neben diesen zentralen Themen des Nahen Ostens blieben viele innergesellschaftliche Entwicklungen des Landes im Hintergrund. Die Demonstrationen der vierhunderttausend jungen Erwachsenen verschiedener Bevölkerungsgruppen in Tel Aviv im Jahr 2011 brachten soziale Ungerechtigkeit sowie Unzufriedenheit mit der Regierung ans Licht. Sie verdeutlichten, dass Israel auch innergesellschaftlich einem Sturm ausgesetzt ist. Die Herbert Quandt-Stiftung hat die innergesellschaftlichen Entwicklungen und die außenpolitischen Herausforderungen Israels zum Thema ihrer »Trialog der Kulturen«-Jahrestagung 2012 gemacht.

Basis des israelischen Staates und der israelischen Gesellschaft ist das Selbstverständnis als jüdische Demokratie. So hat Israel stets große Anstrengungen unternommen, Juden verschiedener Länder als »Rückkehrer« nach Israel zu holen und sie dabei zu unterstützen, in Israel ein Leben aufzubauen. Trotz der hohen Investitionen zum Ziel einer leichteren Integration in die Gesellschaft, so der Tel Aviver Soziologe *Moshe Semyonov*, bleiben über die Jahre und Generationen hinweg die ethnischen Ungleichheiten bezüglich ökonomischer Situation, Bildungsstand und beruflicher Position bestehen. Man kann, so die Beobachtung des Autors, eine wachsende soziale Ungleichheit zwischen Juden und Arabern, zwischen Juden und Arbeitsmigranten sowie auch zwischen säkularen und orthodoxen Juden feststellen. Das Unerwartete sei aber, dass diese sozialen und ökonomischen Ungleichheiten und Ungerechtigkeiten in keiner Weise die politische Entscheidung beeinflussen würden, da die sozialen Fragen viel zu sehr mit nationalen Sicherheitsproblemen vermengt seien.

Nichtsdestotrotz haben die Demonstrationen im Jahr 2011 gerade diese sozialen Ungerechtigkeiten benannt. Waren damals Orthodoxe und Säkulare zusammen auf dem Rothschild-Boulevard in Tel Aviv, besteht sonst im Alltag eine große Kluft zwischen liberalen kosmopolitischen Bürgern Tel Avivs und den streng religiös lebenden Ultraorthodoxen in Tel Aviv, Jerusalem und anderen Orten. Während die einen immer höhere Preise für Wohnungen und Lebenshaltung zahlen müssen, erhalten die anderen vom Staat finanzielle Unterstützung dafür, ihren Glauben leben und sich ausschließlich dem theologischen Studium widmen zu können. Die *Haredim*, so nennen sich die Ultraorthodoxen, sind eine der am stärksten wachsenden israelischen Bevölkerungsgruppen. Kann es sich der Staat weiter erlauben, die Privilegien, sei es die finanzielle Förderung oder auch die Befreiung vom Militärdienst, aufrechtzuerhalten? Die Diskussion darüber wurde im Frühjahr 2012 durch ein Urteil des Obersten Gerichtshofs öffentlich gemacht, das Ultraorthodoxe zum Wehrdienst verpflichtet sah. In seinem Artikel »Fluchtversuche. Junge Ultraorthodoxe auf dem Weg in die israelische Gesellschaft« zeigt *Hans-Christian Rößler* die Kehrseite dieser Privilegierung auf. Einige junge *Haredim* würden gerne dem Kreislauf entfliehen, der da heißt, dass der Staat ein religiöses Studium stützt, aber dann auch eine Berufstätigkeit nicht erlaubt. Für die Familien der jungen Erwachsenen bedeutet eine Teilnahme am normalen Stadtleben zudem einen Abfall von der Familie und vom Glauben. Verlässt ein *Haredim* also sein religiöses Leben, dann muss er auch seine Familie hinter sich lassen und sich ein vollkommen neues Leben aufbauen.

Die verschiedenen ultraorthodoxen Gruppierungen unterscheiden sich stark in ihrem Verhältnis zum jüdischen Staat. Das Titelbild des vorliegenden Bandes zeigt Ultraorthodoxe, die in Washington vor dem *Washington Convention Center* anlässlich der Jahrestagung des *American Israel Public Affairs Committee* 2011 für palästinensische Belange demonstrieren. Diese Positionierung für Palästina ergibt sich aus ihrem Glauben. Diesem entsprechend wird erst der kommende Messias seinem Volk erneut ein Land und damit auch einen legitimen Staat geben. Die ultra-nationalistischen religiösen Siedler dagegen, denen sich der Beitrag »Protestbewegung nahe der Macht. Der Erfolg der jüdischen Siedlerbewegung in Israel« von *Claudia Baumgart-Ochse*, Vorstandsmitglied der Hessischen Stiftung Friedens- und Konfliktforschung, widmet, treten dezidiert religiös begründet für den Staat Israel ein. Sie sind, wie die Wahl im Frühjahr 2013 deutlich machte, längst nicht mehr am Rand der Gesellschaft, sondern vielmehr in ihrer Mitte angekommen. Diese enge Verbindung von Religion und Staat gefährde aber, so die These des Frankfurter Philosophen und Pädagogen, *Micha Brumlik*, Israels Demokratie und lasse den Staat vielmehr als eine Ethnokratie erscheinen. In besonderem Maße weisen Palästinenser in Israel auf diese ungleiche Behandlung der Bürger durch die Politik hin. Die palästinensischen Bürger Israels sehen sich wiederholt als Bürger zweiter Klasse behandelt, sei es in der Verteilung von Wasser oder Land oder in Bezug auf die gesellschaftlichen Teilhabemöglichkeiten wie den Militärdienst. Bisher setzte die politische Strategie, so der Politikwissenschaftler *Amal Jamal*, darauf, Palästinensern die gleichen Bürgerrechte wie jüdischen Israelis zukommen zu lassen. Heute versuche man verstärkt, die Anerkennung als indigene Gruppe zu erkämpfen und darüber den Status der Palästinenser in Israel zu stabilisieren.

Die verschiedenen orthodoxen Gruppierungen unterscheiden sich stark in ihrem Verhältnis zum jüdischen Staat.

Ob es sich also um die ökonomischen, sozialen, politischen oder demografischen Herausforderung mit den Ultraorthodoxen, den religiös-nationalistischen Siedlern oder den palästinensischen Bürgern handelt, es kommt immer wieder die Frage nach dem Selbstverständnis des jüdischen und zugleich demokratischen Staates Israel auf. Die Beiträge des vorliegenden Bandes spiegeln einige Stimmen dieser Diskussion wider. Ferner wird deutlich, dass die palästinensische Frage, wird sie allein als eine außenpolitische verstanden, nicht vollständig gestellt ist. Der Konflikt mit den Palästinensern hat vielmehr eindeutig eine innergesellschaftliche Dimension.

Um des Selbstverständnisses Israels willen plädiert der ehemalige Botschafter Israels in Deutschland, *Shimon Stein*, im außenpolitischen Konflikt mit den Palästinensern dafür, proaktiv zu werden und sogar unilateral Schritte in Richtung einer Lösung des Konfliktes zu gehen. Die andauernden Veränderungen in den arabischen Ländern und die damit einhergehenden Machtverschiebungen erlaubten es nicht, den Status quo aufrechtzuerhalten. Dies führe nur dazu, dass sich Israel auf regionaler und globaler politischer Ebene isoliert und blockiert vorfände und damit letztlich sein Fortbestehen gefährden würde. Israel müsse vielmehr Übergangsmodelle in Richtung einer Zwei-Staaten-Lösung entwickeln und sich als ein Akteur unter vielen in einer sich verändernden Region verstehen.

Das zweite Kapitel wendet sich der gesamten Region zu. Die Autoren *Gil Yaron* und *Loay Mudhoon* skizzieren die neuen Machtkonstellationen in der Region. *Gil Yaron* beschreibt eine Gewichtsverschiebung weg vom bipolaren Spannungsverhältnis zwischen den USA und dem Iran hin zu einem erstarkten sunnitischen Dreieck Saudi-Arabiens, Ägyptens und der Türkei. Dieses Dreieck und die weitere Entwicklung in Syrien wird darüber entscheiden, wie sich die gesamte Region neu ordnet. Die Türkei übernimmt in diesem Mächtespiel die Rolle eines – zumindest außenpolitisch bisher so vertretenen – pragmatischen Islams. *Loay Mudhoon* spricht von einem »interessengeleiteten Pragmatismus«, der strategische und ökonomische Ziele über religiöse und ideologische stellt. Die Türkei habe angesichts der andauernden Unruhen in Syrien die Grenzen der eigenen Diplomatie und Politik stärker realisiert und zeige sich nun vielmehr darauf bedacht, als Brückenbauer zwischen den neuen und den alten Mächten aufzutreten. Allerdings haben die Demonstrationen in Istanbul und anderen türkischen Städten vom Juni 2013 Ministerpräsident Erdoğan in einem anderen Licht gezeigt. Auf die deutliche Kritik aus Europa antwortete er gerade nicht moderat pragmatisch, sondern verwahrte sich gegen diese Einmischung in innenpolitische Belange. Somit wird auch hier zu beobachten sein, wie sich die Regierung Erdoğan mittelfristig nach innen und außen positioniert. In dieser sich verändernden regionalen Situation ist Israel in seiner Rolle als klarer Verbündeter der amerikanischen Weltmacht geschwächt worden, weil Amerika in der Region an Bedeutung verloren hat. Israel ist zu einem Akteur unter vielen geworden. Wer in dieser Situation Freund oder Feind Israels in der Region ist oder sein wird, ist derzeit nicht endgültig einschätzbar.

Teilnehmer der »16. Trialog der Kulturen-Jahreskonferenz«

Deutschland und Israel blicken im Jahr 2015 auf fünfzig Jahre diplomatischer Beziehungen zwischen beiden Ländern zurück. Das Verhältnis zwischen den beiden Ländern ist getragen von dem Erleben des Zweiten Weltkrieges und der systematischen Ermordung von Juden durch die deutsche Naziherrschaft. Seit Ende des Zweiten Weltkrieges sind auf politischer und zivilgesellschaftlicher Ebene beidseitig viele Schritte unternommen worden, eine Versöhnung und Annäherung zwischen den Ländern und den Menschen voranzutreiben. Der Bundestagsabgeordnete *Joachim Hörster* beleuchtet das israelisch-deutsche Verhältnis auf politischer Ebene. Die israelische Journalistin *Alexandra Belopolsky* gibt einen interessanten Einblick in die israelische Debatte um das Gedicht von Günther Grass, das im April 2012 erschienen und heftig diskutiert worden war.

Nach Jahren der Stagnation in der innergesellschaftlichen und außenpolitischen Entwicklung haben die Demonstrationen 2011 sowie die Wahlergebnisse des Frühjahr 2013 Möglichkeiten für Veränderungen gezeigt und eine Realisierung eingefordert. Außenpolitisch fordern die Umbrüche in der Region Israel dazu heraus, seine bisherige Strategie zu verlassen. Die Kernfrage ist bleibend die nach Israels Selbstverständnis als jüdischer und demokratischer Staat sowie den politisch nach innen und außen zu ziehenden Konsequenzen angesichts der andauernden Umbrüche im Land und in der Region.

I. Gesellschaftliche Entwicklungen und demokratische Herausforderungen in Israel

Immigration und Integration

Ein Staat und seine Bewohner

VON MOSHE SEMYONOV

1. Israel und seine Bevölkerung im Überblick

Israel ist eine multi-ethnische Gesellschaft, die sich überwiegend aus Juden und Arabern zusammensetzt. Ungefähr achtzig Prozent, somit die Mehrheit der Bevölkerung, sind Juden; Araber (mehrheitlich Muslime) bilden die Minderheit. Die arabischen Israelis sind gegenüber der jüdischen Mehrheit in jeder Hinsicht der sozialen Schichtung, einschließlich Bildung, Beruf, Einkommen, Wohlstand, Lebensstandard sowie politischem Status, schlechter gestellt. Laut Angaben des israelischen Zentralbüros für Statistik (ICBS) belief sich die Bevölkerung Israels 2010 auf rund 7,5 Millionen Menschen (5.874.300 davon Juden, die nichtjüdische Bevölkerung zählte 1.600.100). Im Vergleich dazu lag die Bevölkerungszahl Israels 1955 deutlich niedriger, nämlich bei nur 1,8 Millionen Menschen. Insbesondere die

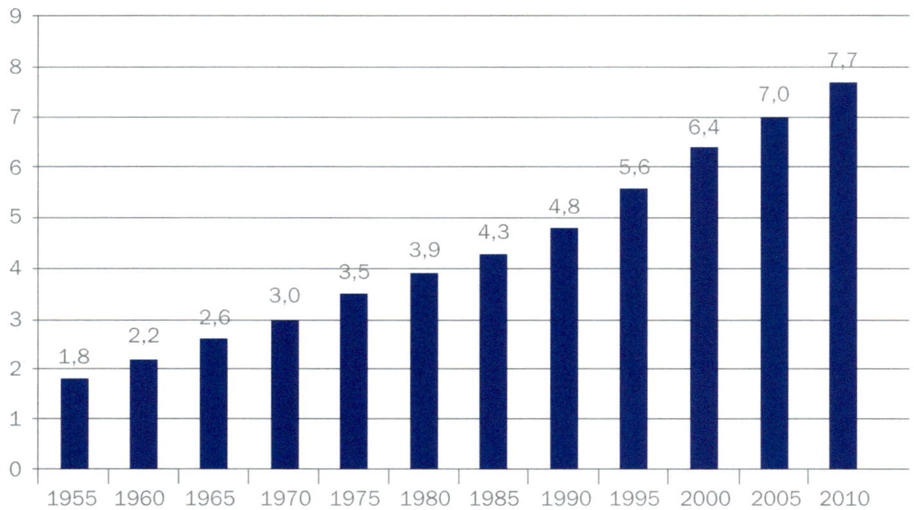

Anstieg der israelischen Bevölkerung zwischen 1955 und 2010

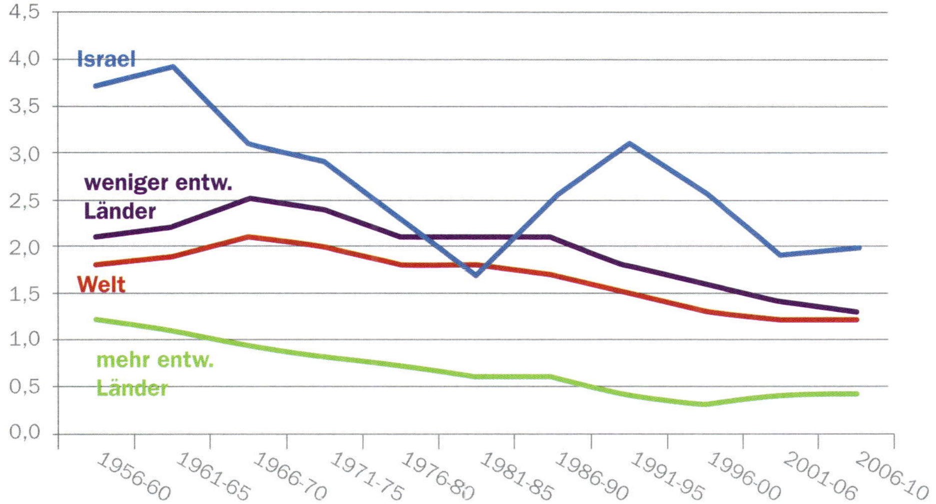

Bevölkerungswachstumsraten: Israel, Welt, weiter entwickelte sowie weniger entwickelte Länder, 1956 – 2010 (Jahresdurchschnitt in Prozent)

jüdische Bevölkerung hat ein enormes Wachstum zu verzeichnen. Zwischen 1948 (dem Jahr der Unabhängigkeitserklärung des Staates Israel) und 2010 wuchs sie von sechshunderttausend auf sechs Millionen Menschen an. Demnach hat sich die jüdische Bevölkerung in Israel innerhalb von sechs Jahrzehnten fast verzehnfacht; dieses Wachstum sowie die Erweiterung der Zusammensetzung der jüdischen Bevölkerung sind in erster Linie einwanderungsbedingt.

1.1 Jüdische Gruppierungen

Aktuell sind rund dreißig Prozent der jüdischen Bevölkerung in Israel Einwanderer erster und vierzig Prozent Einwanderer zweiter Generation (das heißt Kinder von Immigranten). Die verbleibenden dreißig Prozent der jüdischen Bevölkerung gehören der dritten Generation von Einwanderern an; sie sind in Israel geborene Kinder ebenfalls dort geborener Eltern. Der Staat Israel wird als das »Heimatland des jüdischen Volkes« angesehen: Juden, die nach Israel einwandern, werden nicht als »Immigranten«, sondern als »Rückkehrer« oder *Olim* betrachtet, und ihre Immigration nach Israel wird nicht als »Einwanderung«, sondern als »Rückkehr aus der Diaspora« oder als *Alijah* bezeichnet. Mit ihrer Einreise in das Land wird den Juden die israelische Staatsbürgerschaft verliehen. Die Juden in Israel stammen aus einer Vielzahl von Ländern weltweit. Dennoch erfolgt die Einteilung üblicherweise in zwei große ethnische Gruppen: die asiatisch-afrikanische (meist sephardische Juden) und die europäisch-amerikanische (meist aschkenasische Juden). Erstere zeichnet sich durch einen niedrigeren sozioökonomischen Status aus als Letztere.

Auch hier betrifft diese Benachteiligung sämtliche Aspekte der sozialen Schichtung, einschließlich Bildung, Beruf, Einkommen, Wohlstand und Lebensstandard. Die Mehrheit der jüdischen Bevölkerung in Israel ist von jeher säkular. Allerdings ist in den zurückliegenden Jahrzehnten die Zahl der »konservativ religiösen« Juden und insbesondere die der »orthodoxen« sowie der »ultraorthodoxen« rapide gestiegen. Aktuell machen die »Orthodoxen« beziehungsweise »Ultraorthodoxen« jeweils 10,7 beziehungsweise 13,6 Prozent der jüdischen Bevölkerung Israels aus.

1.2 Arabische Minderheit

Zwar versteht Israel sich selbst als das »Heimatland des jüdischen Volkes«, doch leben hier auch über 1,5 Millionen Araber. Das heißt, ungefähr zwanzig Prozent der Staatsbürger Israels sind Araber. Israelische Araber können als indigene ethnische Minderheit angesehen werden, die meist als traditionell orientierte, ländliche Dorfbevölkerung bereits seit Generationen in der Region lebt. Ihr sozialer und politischer Status in der israelischen Gesellschaft hat sich nach der Gründung des Staates Israel im Jahr 1948 einschneidend verändert. Im neuen Staat bildeten die Araber eine untergeordnete ethnische Minderheit. Die Mehrheit der Araber in Israel sind Muslime (weitere Untergruppen bilden die christlichen Araber und die Drusen). Die Verteilung der israelischen Bevölkerungsgruppen nach Religionszugehörigkeit beziehungsweise Grad der Religiosität ist in der folgenden Abbildung dargestellt.

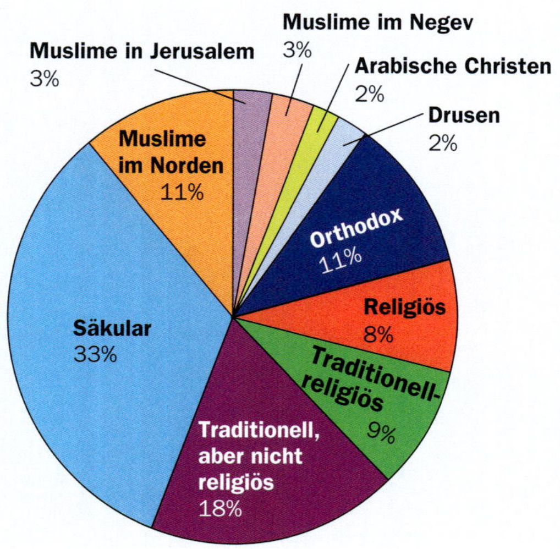

Bevölkerungsgruppen in Israel nach Religionszugehörigkeit bzw. Grad der Religiosität

1.3 Arbeitsmigranten und Flüchtlinge

Eine dritte Gruppe in der israelischen Gesellschaft bilden Arbeitsmigranten und Flüchtlinge. Seit den vergangenen Jahrzehnten leben zahlreiche nichtjüdische, oft als »Gastarbeiter« bezeichnet Arbeitsmigranten sowie afrikanische Flüchtlinge und Asylsuchende in Israel. Nach der ersten Intifada 1987 kamen erste Arbeitsmigranten aus aller Welt und ersetzten in Israel zunächst palästinensische Arbeiter aus der Westbank und dem Gazastreifen.[1] Seither ist ihre Zahl erheblich gestiegen; Sie wird aktuell auf rund zweihunderttausend geschätzt. Diese Migranten kommen aus den unterschiedlichsten Ländern (unter anderen aus Rumänien, der Türkei, Thailand, China, Nepal, den Philippinen, Lateinamerika oder Afrika) und machen circa zehn Prozent der Arbeitskräfte Israels aus.[2] Auf der sozialen Leiter des Landes nehmen Arbeitsmigranten das untere Ende ein. Die meisten von ihnen sind als Leiharbeiter im Bausektor, der Landwirtschaft, im Dienstleistungsgewerbe oder anderen gering angesehenen und schlecht bezahlten Einfachbeschäftigungen tätig. Die nichtjüdischen Arbeitsmigranten haben keine israelische Staatsbürgerschaft, denn diese wird ihnen ebenso wenig gewährt wie der Daueraufenthalt. Zwar gibt es keine genaue

Zwischen Hoffnung und Angst. Afrikanische Asylsuchende in Israel

[1] Die erste Intifada war eine anhaltende gewalttätige Auseinandersetzung zwischen Palästinensern und der israelischen Armee, die im Dezember 1987 begann. Das Oslo-Abkommen von 1993 stellte das Ende der ersten Intifada dar. URL: http://www.bpb.de/internationales/asien/israel/45071/intifada-und-oslo (06.05.2013).

[2] Raijman, Rebeca: »Immigration to Israel: Review of patterns and empirical research, 1990-2006.« (Hebräisch). In: Israeli Sociology, 12(2)2009. S. 340-379; Kemp, Adriana/Raijman Rebeca: Migrants and workers: the political economy of labor migration in Israel. (Hebräisch). Tel Aviv 2007.

oder offizielle Erhebung über die Zahl nichtjüdischer »Gastarbeiter«, doch ist schätzungsweise die Hälfte von ihnen ohne Papiere im Land.

Der massive Zustrom von Flüchtlingen und Asylsuchenden aus Afrika nach Israel begann vor weniger als zehn Jahren und hat in jüngster Zeit weiter zugenommen. Ihre Zahl wird auf sechzigtausend geschätzt, die meisten davon kommen aus dem Sudan und Darfur. Die Mehrzahl der Flüchtlinge lebt in Armut in den Slums im Süden Tel Avivs. Status und Rechte der Asylbewerber und Flüchtlinge in Israel sind sozialpolitisch nicht klar geregelt; kaum ein Asylsuchender wurde bislang offiziell als »Flüchtling« anerkannt. Asylbewerbern aus diesen afrikanischen Ländern wird derzeit der Status als »Gruppe unter vorübergehendem Schutz« zuerkannt, wodurch sie offiziell im Land bleiben dürfen. Dieser Status jedoch ist nicht an Rechte oder offizielle Unterstützung wie die Gewährleistung einer Grundversorgung geknüpft. Diese für Israel unter sämtlichen anderen Industrienationen einzigartige Situation ist weder für das Land selbst noch die Asylsuchenden tragbar.

2. Wirtschaftliche Ungleichheit – Die Schere zwischen Arm und Reich

Die Veränderungen in der Zusammensetzung der israelischen Bevölkerung sollen im Zusammenhang wachsender wirtschaftlicher Ungleichheiten innerhalb der israelischen Gesellschaft bewertet werden. Israel ist nicht nur zunehmend von Heterogenität und Vielfalt geprägt, sondern auch von wachsender wirtschaftlicher Ungleichheit. Einst eine der egalitärsten Gesellschaften überhaupt, zeigt Israel heute unter den Industrienationen mit die größten ökonomischen Ungleichheiten. Die Gesellschaft ist gekennzeichnet durch gravierende Einkommensunterschiede, wie sie beispielsweise auch in Mexiko, Chile oder der Türkei zu finden sind. Der soziologischen Theorie zufolge kann wirtschaftliche Ungleichheit, insbesondere eine Ungleichheit, die mit einer gesellschaftlichen Spaltung einhergeht, soziale Pathologien hervorrufen und zu wachsenden Konflikten zwischen einzelnen Gruppen führen.[3] In einer Zeit wachsender ökonomischer Ungleichheiten innerhalb der Gesellschaft kann mit einer schwindenden sozialen Solidarität sowie dem Anstieg von Feindseligkeiten, Spannungen, Konflikten und sogar Spaltungen zwischen den Gruppen gerechnet werden.

Einst eine der egalitärsten Gesellschaften überhaupt, zeigt Israel heute mit die größten ökonomischen Ungleichheiten unter den Industrienationen.

[3] Für einen detaillierten Überblick der jüngsten Literatur über die Gründe und Auswirkungen von Ungleichheit vgl.: Neckerman, Kathryn M./Torche, Florencia: »Inequality: Causes and Consequences.« In: Annual Review of Sociology, 33/2007. S. 335-357.

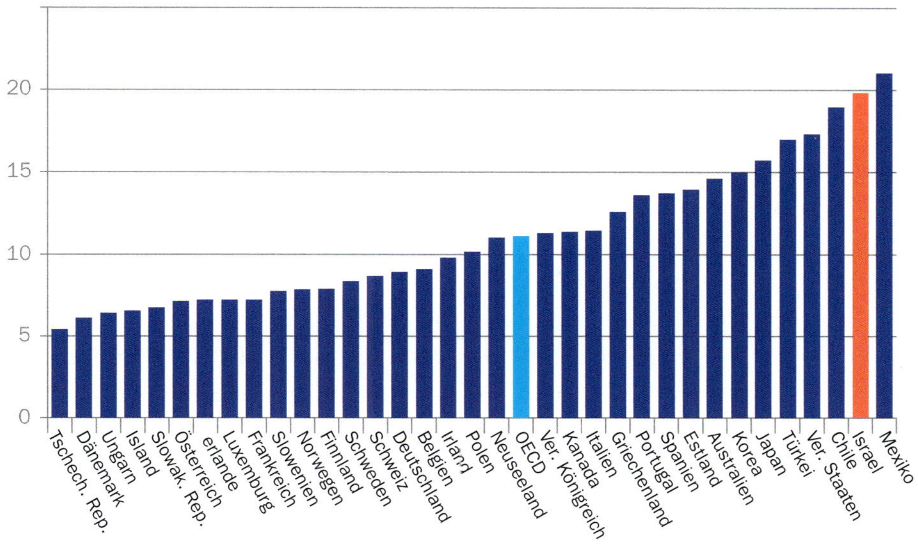

Anteil der Personen mit weniger als 50 Prozent des mittleren Haushaltseinkommens, späte 2000er Jahre

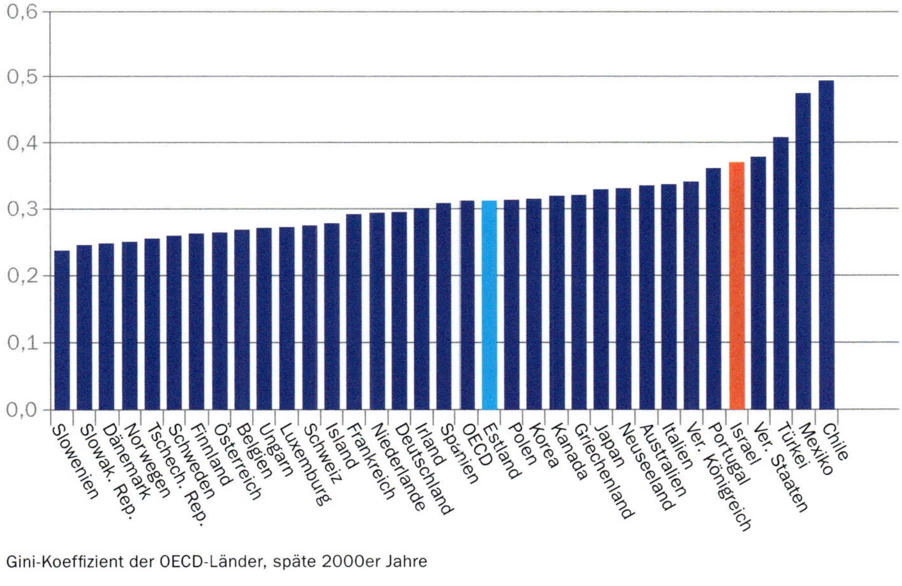

Gini-Koeffizient der OECD-Länder, späte 2000er Jahre

Die folgenden Erörterungen analysieren, inwieweit die historischen und sozialen Besonderheiten des Staates Israel mit der Struktur der sozialen und wirtschaftlichen Ungleichheiten in seiner Gesellschaft verknüpft sind. Im nächsten Schritt werden die strukturellen Ungleichheiten in den jeweiligen Dimensionen der sozialen Zugehörigkeit zur israelischen Gesellschaft (das heißt Ethnizität, Staatsbürgerschaftsstatus, Religiosität) beurteilt und abschließend die Trends in den Mustern der gesellschaftlichen Spaltung und ihre möglichen Auswirkungen auf die israelische Gesellschaft bewertet.

3. Immigration und sozioökonomische Ungleichheiten innerhalb der jüdischen Bevölkerung

Die Immigration der Juden nach Israel begann Anfang des 20. Jahrhunderts und hält bis heute an. Die Einwanderer kommen aus den verschiedensten Regionen der Welt, insbesondere aus mehr als einhundert Ländern, die sich im Grad ihrer Wirtschaftsentwicklung, der kulturellen Orientierung oder im Staatswesen meist deutlich voneinander unterscheiden. Während einige aus hoch entwickelten Industrienationen wie beispielsweise den USA, Kanada, Deutschland, Frankreich oder England kommen, reisten andere aus weniger entwickelten muslimischen Ländern Nordafrikas, des Nahen Ostens sowie Zentralasiens oder aus dem ostafrikanischen Äthiopien nach Israel ein. Die Gruppe der Juden europäischer oder amerikanischer Herkunft ist generell durch einen höheren sozialen und ökonomischen Status gekennzeichnet als die Gruppe der Juden aus asiatischen oder afrikanischen Ländern.

Jede Person jüdischer Abstammung hat das Recht auf Einwanderung nach Israel und auf Erwerb der Staatsbürgerschaft.

In Studien über die Gesellschaft Israels wird wiederholt auf die Einzigartigkeit des Zustroms jüdischer Einwanderer nach Israel hingewiesen, der sich substanziell von den Migrationsströmen in andere traditionelle Einwanderungsgesellschaften wie die USA, Kanada oder Australien unterscheidet.[4] Der Staat erkennt das Recht des jüdischen Volkes zur Einwanderung und zum Aufenthalt in Israel durch zwei Gesetze an: Das Rückkehrgesetz aus dem Jahr 1950 und das Nationalitätengesetz von 1952. Kraft dieser Gesetze hat jede Person jüdischer Abstammung (beziehungsweise mit einem jüdischen Angehörigen) nicht nur das Recht auf Einwanderung nach Israel, sondern dann auch auf den umgehenden Erwerb der Staatsbürgerschaft. Im Gegensatz dazu haben Personen nichtjüdischer Abstam-

[4] Vgl. hierzu u.a. Raijman: Immigration to Israel; Semyonov, Moshe/Lewin-Epstein, Noah: »Immigration and ethnicity in Israel: returning Diasporas and nation building.« In: Muenz, Rainer/Ohliger, Rainer (Hg.): Diasporas and ethnic migrants in 20th century Europe. London 2003; Semyonov, Moshe/Gorodzeisky, Anastasia: »Israel: an immigrant society.« In: Frideres, James/Biles, John (Hg.): International perspectives: integration and inclusion. Queen's Policy Studies Series Montreal/Kingston 2012.

mung dieses Recht auf Einwanderung nach Israel oder auf Erwerb der israelischen Staatsbürgerschaft nicht.

Der Staat Israel hat sich der erfolgreichen Integration seiner jüdischen Einwanderer in starkem Maße verpflichtet: So stehen diesen eine ganze Reihe von wirtschaftlichen Vergünstigungen und Unterstützungsmaßnahmen zur Verfügung, einschließlich zeitweiliger Unterbringungen, erleichterter Zugänge zu Krediten, Zuschüssen für einen Hauskauf oder Hebräischkursen. Nicht zuletzt bewirbt der Staat Israel aktiv die jüdische Migration nach Israel durch öffentliche Kampagnen und diplomatische Maßnahmen. In einigen Fällen (wie dem der äthiopischen Juden während der 1980er und frühen 1990er Jahre oder während des Bürgerkriegs in Jugoslawien) wurden sogar Rettungsoperationen finanziert, um unter einer Bedrohung stehende Angehörige des jüdischen Volkes nach Israel zu bringen.

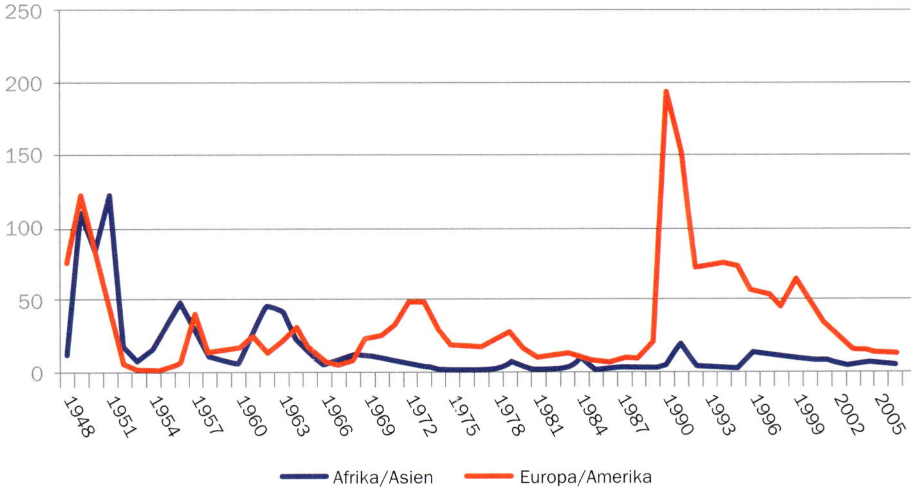

Zahl jüdischer Einwanderer nach Israel pro Jahr nach Herkunftskontinent (in Tausend)

Die erste Welle jüdischer Einwanderer erreichte Israel noch vor seiner Staatsgründung. Diese frühen Einwanderer kamen als Teil der zionistischen Bewegung hauptsächlich aus den Ländern Zentral- und Osteuropas. Das heißt, sie kamen mit der klaren ideologischen Mission, einen Heimatstaat für das jüdische Volk in Palästina zu gründen. In der Folge errichteten die frühen Einwanderer die vorstaatlichen sozialen, politischen und wirtschaftlichen Institutionen. Somit waren bei der Gründung des Staates Israel die frühen Einwanderer europäischer Herkunft im Vorteil, als es darum ging, die angesehensten und einflussreichsten politischen, wirtschaftlichen und sozialen Posten in diesem neuen Staat zu besetzen.

Bei seiner Gründung sah sich der Staat Israel mit einer regelrechten Masse jüdischer Einwanderer konfrontiert (diejenigen, die unmittelbar nach der Staatsgründung ins Land kamen, wurden aus praktischen Gründen als Flüchtlinge betrachtet). Während der kurzen Zeitspanne von 1948 bis 1952 wuchs die jüdische Bevölkerung Israels fast um das Dreifache von sechshunderttausend auf rund 1,5 Millionen Einwohner. Die Mehrheit der Einwanderer waren entweder europäische Juden, die den Holocaust überlebt hatten, oder Flüchtlinge aus den muslimischen Ländern des Nahen Ostens und Nordafrikas. Sie waren fast mittellos und es lag beim Staat, ihre Bedürfnisse nach Unterkunft, Beschäftigung, Versorgung mit Lebensmitteln sowie Sozialleistungen abzudecken.

Die Einwanderer aus Asien und Nordafrika hatten keinerlei Beziehungen oder Verbindungen in dem für sie neuen Land. Sie stammten aus Gesellschaften traditioneller Orientierung, mit großen Familien und geringen wirtschaftlichen Mitteln. Zudem fehlte ihnen das für die Integration und den Erfolg in einer westlich-modern orientierten Gesellschaft wie Israel notwendige Humankapital. Entsprechend waren sie von vornherein in mehrfacher Hinsicht benachteiligt und in Folge bei der Integration in die Gesellschaft in hohem Maße vom Staat und den staatlichen Einrichtungen abhängig. Eine überproportional große Zahl der Immigranten aus Asien und Nordafrika wurde durch staatliche Stellen in die sich neu entwickelnden Städte oder ländliche Gemeinden in der Peripherie des Landes angesiedelt. In der Tat lässt sich die sozioökonomische Benachteiligung der Einwanderer aus Nordafrika und Asien im Vergleich mit denen aus Europa teilweise den Umständen zuschreiben, die mit ihrer Ankunft in Israel sowie ihrer räumlichen Ausgangslage im Land zusammenhängen. Die sozioökonomischen Nachteile sind über die Jahre nicht abgebaut worden, sondern – im Gegenteil – bis heute für die Einwanderer der dritten Generation aus dem Nahen Osten und Nordafrika spürbar (vgl. Tabelle 1).

Nach dem Zusammenbruch der ehemaligen Sowjetunion im Jahr 1989 wurde Israel erneut mit einer Welle von Zuwanderern konfrontiert. So reisten zwischen 1989 und 1991 rund vierhunderttausend Menschen in das Land ein. Bis 1995 verzeichnete der Staat ein Wachstum seiner Bevölkerung um zwanzig Prozent, das insbesondere auf die Ankunft weiterer dreihunderttausend Migranten aus Russland und anderen ehemaligen Sowjetrepubliken zurückzuführen ist. Die Gruppe der Immigranten aus der ehemaligen Sowjetunion weist positive sozioökonomische Merkmale auf (insbesondere eine sehr gute Schul- und berufliche Ausbildung). So konnten mehr als zwei Drittel dieser Einwanderer eine akademische Aus- und Berufsbildung beziehungs-

Von 1989 bis 1995 verzeichnete Israel ein Bevölkerungswachstum um zwanzig Prozent.

	Israel. Juden d. dritten Generation	aus Asien	aus Afrika	aus Europa oder Amerika	Einwanderer zweiter Generation aus Asien	Einwanderer zweiter Generation aus Afrika	Einw. zweiter Generation aus Europa od. Amerika	aus d. ehem. Sowjet-union	aus Äthio-pien	Araber
Männer										
Ausbildungsjahre, MW (SD)	13,42	11,05	11,03	14,58	13,11	13,12	15,22	13,64	8,28	10,74
	(3,58)	(6,44)	(7,23)	(6,44)	(3,98)	(3,88)	(4,38)	(4,23)	(10,26)	(3,49)
Alter, MW (SD)	28,1	62,98	57,22	57,5	42,73	36,59	45,22	46,6	36,38	36,86
	(12,1)	(14,74)	(16,53)	(20,1)	(12,83)	(11,74)	(15,45)	(19,17)	(18,2)	(16,99)
Bewohner eines Ballungsraums, in %	59	60	43	62	56	40	66	42	33	34
Beruflicher Status (ISEI*) MW (SD)	47,68	43,81	42,77	53,12	44,44	44,28	54,02	43,84	35,26	39,9
	(18,78)	(15,18)	(16,5)	(18,78)	(17,12)	(17,01)	(17,78)	(16,51)	(10,55)	(14,31)
Gehalt, MW (SD)	9.923	9.278	9.447	12.465	10.163	9.844	14.819	8.646	-	5.865
	(9966,28)	(8078,58)	(8481,41)	(10395,52)	(7162,39)	(7869,38)	(12095,71)	(7297,91)	-	(3612,66)
Zahl der befragten Männer	1.475	267	422	555	851	917	924	1.691	300	1.104
Frauen										
Ausbildungsjahre, MW (SD)	13,37	9,99	9,46	13,58	13,4	13,12	14,8	13,79	7,06	9,92
	(2,74)	(9,08)	(5,15)	(5,08)	(4,26)	(2,64)	(3,73)	(4,69)	(7,72)	(4,69)
Alter, MW (SD)	28,57	60,62	58,25	58,34	42,62	37,08	45,27	48,88	34,71	37,82
	(12,77)	(16,23)	(16,39)	(19,92)	(13,1)	(12,04)	(15,39)	(19,4)	(16,47)	(16,8)
Bewohner eines Ballungsraums, in %	60	59	45	66	54	42	67	42	34	34
Beruflicher Status (ISEI) MW (SD)	53,48	42,73	45,99	55,91	51,32	50,59	56,48	48,06	38,9	52,24
	(14,31)	(10,44)	(11,88)	(14,54)	(13,47)	(13,59)	(13,76)	(13,94)	(10,6)	(14,5)
Gehalt, MW (SD)	5.942	4.668	5.505	7.837	6.971	6.159	8.354	5.780	-	4.295
	(5350,39)	(3277,4)	(4924,94)	(6053,67)	(5766,96)	(4847,58)	(6835,83)	(5061,76)	-	(2442,01)
Zahl der befragten Frauen	1.688	353	405	573	976	1.019	999	1.959	292	451
Summe (Männer und Frauen)										
Ausbildungsjahre, MW (SD)	13,39	10,45	10,26	14,07	13,26	13,12	15	13,72	7,62	10,5
	(3,16)	(8,04)	(6,29)	(5,78)	(4,13)	(3,28)	(4,05)	(4,48)	(8,98)	(3,87)
Alter, MW (SD)	28,35	61,64	57,72	57,93	42,67	36,85	45,25	47,82	35,48	37,14
	(12,46)	(15,58)	(16,44)	(19,99)	(12,97)	(11,89)	(15,41)	(19,29)	(17,31)	(16,92)
Bewohner eines Ballungsraums, in %	59	59	44	64	54	41	66	42	34	34
Beruflicher Status (ISEI) MW (SD)	50,78	43,2	44,35	54,54	48,12	47,6	55,3	46,1	37,05	43,48
	(16,54)	(12,68)	(14,41)	(16,75)	(15,27)	(15,3)	(15,81)	(15,18)	(18,93)	(14,36)
Gehalt, MW (SD)	7.799	6.654	7.517	10.115	8.458	7.905	11.461	7.108	-	5.410
	(7845,75)	(5839,39)	(6961,93)	(8465,15)	(6451)	(6454,2)	(9719,83)	(6197,11)	-	(3314,12)
Stichprobenumfang insgesamt	3.163	620	827	1.128	1.827	1.936	1.923	3.650	5.902	1.555

Tabelle 1: Mittelwerte/MW (Standardabweichungen/SD) bzw. Prozent der Variablen nach Geschlecht und einzelnen Bevölkerungsgruppen (ausschl. Angestellte)

weise eine wissenschaftliche Qualifikation vorweisen. Dennoch war es für sie äußerst schwierig, mit diesem Humankapital in Israel einen entsprechenden beruflichen Status zu erlangen. Zwar haben Forscher eine leicht positive Verschiebung hinsichtlich beruflicher Stellung und Einkommen der sowjetischen Immigranten im Verlauf der Zeit festgestellt, doch konnte die Einkommenslücke im Vergleich zwischen diesen hoch qualifizierten und den frühen Immigranten sowie der einheimischen Bevölkerung bis heute nicht vollständig geschlossen werden (siehe Tabelle 1).

Neben der genannten Zahl an Zuwanderern aus der ehemaligen Sowjetunion hatte Israel im Jahr 1991 aktiv mehr als 15.000 äthiopische Juden in das Land überführt. Die Zuwanderung aus Äthiopien erfolgte über einen längeren Zeitraum, wobei insgesamt circa einhunderttausend äthiopische Juden nach Israel kamen. Sie begann Mitte der 1980er Jahre (vor allem zwischen 1984 und 1985) mit einer seitens der Regierung organisierten Aktion – der sogenannten »Operation Mose« – zur Rettung äthiopischer Juden aus sudanesischen Flüchtlingslagern. Im Zuge dieser Operation wurden rund 18.000 Juden nach Israel gebracht. In einer ähnlichen Aktion, der »Operation Salomon«, wurden ein paar Jahre später nochmals fast 15.000 Juden, dieses Mal aus Flüchtlingslagern in Äthiopien, nach Israel gebracht. Obwohl die israelische Regierung die äthiopischen Immigranten aktiv ins Land brachte, gestaltet sich deren Integration in die israelische Gesellschaft als hoch problematisch. Juden aus Äthiopien befinden sich auf der niedrigsten Ebene der gesellschaftlichen Schichtung in Israel. Sie weisen im Vergleich zu jeder anderen jüdischen Gruppe ein niedrigeres Einkommen, eine geringere Bildung sowie eine höhere Wohnsegregation, also Ghettobildung, auf. Eine Reihe von Studien dokumentieren die Schwierigkeiten äthiopischer Immigranten bei der Integration in die israelische Gesellschaft[5] (vgl. Tabelle 1).

4. Ungleichheiten zwischen orthodoxen und säkularen Juden

In den vergangenen Jahrzehnten hat sich noch eine weitere Spaltung innerhalb der jüdischen Bevölkerung in Israel gezeigt: die anhaltende und immer deutlichere Entzweiung zwischen orthodoxen und säkularen Juden. Diese Trennung ist nicht nur einer der Hauptgründe für soziale und politische Konflikte, sondern auch für sozioökonomische Ungleichheiten unabhängig von der ethnischen Herkunft. Und sie ist darüber hinaus insofern von besonderer Bedeutung, als der Grad der Religiosität in Israel stark an die Fertilitätsrate sowie die Erwerbsbe-

[5] Siehe u.a.: Ben-Eliezer, Uri: »Becoming a black Jew: cultural racism and anti-racism in contemporary Israel.« In: Social Identities, 10(2)2004. S. 245-266; Offer, Shira: »The socio-economic integration of the Ethiopian community in Israel.« In: International Migration, 42(3)2004. S. 29-55; Offer, Shira: »The Ethiopian community in Israel: segregation and the creation of a racial cleavage.« In: Ethnic and Racial Studies, 30(3)2007. S. 461-480.

teiligungsquote geknüpft ist. Während Erstere bei den orthodoxen im Vergleich zu den säkularen Juden signifikant höher ist, liegt die Erwerbsbeteiligungsquote orthodoxer Juden deutlich niedriger. Dies hat nicht nur erhebliche Auswirkungen auf die gegenwärtig herrschenden sozioökonomischen Ungleichheiten in der israelischen Gesellschaft, sondern auch auf die der Zukunft, wie die Werte der folgenden Tabelle 2 zeigen.

	Ultraorthodox religiös		Traditionell		Nicht-religiös, säkular	
	Männer	Frauen	Männer	Frauen	Männer	Frauen
Beschäftigungsstatus, %:						
beschäftigt	55,1	60,9	73,2	59,8	75,6	66,6
arbeitslos	3,5	5,1	3,5	3,6	3,8	3,4
nicht erwerbstätig	41,5	34,0	23,3	36,6	20,6	30,0
Bildung, %:						
Sekundarausbildung od. niedriger	50,5	27,4	43,7	38,2	23,5	17,4
Abschluss nicht-akademischer postsekundärer Ausbildung	26,8	45,1	36,7	39,9	39,9	40,6
Hochschulbildung	22,7	27,5	19,5	21,8	36,6	42,0
Berufliche Stellung, %:						
Akademiker	19,4	15,0	8,5	7,6	19,5	20,7
Fachkräfte, Techniker und Manager	27,7	29,6	25,4	25,1	29,0	27,5
(kaufm.) Angestellte, Arbeitnehmer in Verkauf u. Dienstleistungen	25,2	47,6	27,7	57,2	25,5	45,3
Gelernte Arbeiter in Landwirtschaft und Industrie	20,9	3,6	31,7	3,7	20,9	3,3
Ungelernte Arbeitskräfte	6,8	4,2	6,7	6,4	5,1	3,2
Nettohaushaltseinkommen NIS d. verg. Monats ges., %:						
≤ 2.000	9,2	8,9	2,8	6,8	3,6	4,5
2.001-4.000	8,7	15,1	6,4	10,2	5,5	10,0
4.001-8.000	42,1	37,4	29,4	32,2	21,6	23,8
8.001-13.000	24,2	23,3	33,1	29,9	29,3	28,1
> 13.000	15,7	15,3	28,3	21,0	40,1	33,7
Durchschn. Pro-Kopf-Einkommen, %:						
≤ 2.000 NIS	55,0	55,9	22,7	27,0	12,9	15,3
2.001-4.000 NIS	26,6	29,0	35,9	39,3	26,3	30,8
> 4.000 NIS	18,4	15,1	41,4	33,7	60,7	53,9
Belegungsdichte der Räume, %:						
Niedrig: 0-1 Personen/Raum	30,2	37,9	48,6	53,8	60,7	65,1
Mittel: Mehr als 1 bis zu 2 Personen/Raum	55,0	46,8	49,2	42,9	38,0	33,6
Hoch: 2+ Personen/Raum	14,8	15,3	2,2	3,2	1,3	1,3
Stichprobenumfang	521	550	1.081	1.180	1.327	1.341

Tabelle 2: Sozioökonomische Merkmale der jüdischen Bevölkerung Israels nach Religiosität und Geschlecht

Mit Blick auf die dargestellten Daten lässt sich vermuten, dass die Zahl der Personen in Israel, die aufgrund religiöser Orthodoxie nicht erwerbstätig werden, steigen wird; gleiches gilt für den Anteil armer Menschen in der Bevölkerung, was zu weiter wachsenden sozioökonomischen Ungleichheiten zwischen orthodoxen Juden und den anderen Bevölkerungsgruppen führt. Folglich ergibt sich hier vermutlich auch eine ungleiche Verteilung in Bezug auf bürgerschaftliches Engagement einerseits und staatliche Förderung (Abhängigkeit von staatlichen Mitteln, Sozialhilfeleistungen, Besteuerung) andererseits und somit soziales und politisches Konfliktpotenzial innerhalb der israelischen Gesellschaft.

5. Sozioökonomische Ungleichheiten zwischen Arabern und Juden

Sicher sind die sozioökonomischen Unterschiede zwischen den geokulturellen Gruppen innerhalb der jüdischen Bevölkerung Israels deutlich und bedeutend, doch die größte ethnische Kluft innerhalb der Gesellschaft ist die zwischen Arabern und Juden. Diese sind sowohl sozial als in der Regel auch wohnlich strikt voneinander getrennt. Tatsächlich gibt es in Israel nur ganze sieben Städte, die als »gemischte Siedlungen« gelten, und selbst dort leben Araber und Juden nicht in den gleichen Vierteln. Trotz ihrer Staatsbürgerschaft und der Teilnahme am politischen System sind die israelischen Araber durch Jahre der Segregation und Diskriminierung im ethnischen Schichtungssystem Israels sozial, wirtschaftlich, politisch sowie kulturell deutlich benachteiligt. Die schlechtere sozioökonomische Position der arabischen Bevölkerung im Vergleich zur jüdischen zeigt sich deutlich in der Tabelle 1.

Ungeachtet der Unterschiede zwischen der arabischen und der jüdischen Bevölkerung muss auch auf einige bedeutende Unterschiede innerhalb der arabischen Bevölkerung hingewiesen werden. Rund achtzig Prozent der Araber sind Muslime. Sie haben einen niedrigen sozioökonomischen Status (hinsichtlich Bildung, Beruf, Einkommen und Wohlstand) und leben stark konzentriert in ländlichen Dorfgemeinden. Im Gegensatz dazu leben die christlichen Araber oft in städtischen Gemeinden. Die meisten von ihnen gehören der griechisch-orthodoxen Kirche sowie den katholischen Ostkirchen an. Sie sind weniger traditionell orientiert als die Muslime und haben Zugang zu einem besseren (häufig privaten) Schulsystem. Entsprechend weisen die christlichen Araber eine höhere Schulbildung und berufliche Stellung sowie ein besseres Einkommen auf als die muslimischen.

Die drusische Minderheit nimmt innerhalb der Gesellschaft Israels und des Staates eine komplexe Sonderstellung ein. Die Mehrzahl der Drusen leistet freiwillig Militärdienst in der israelischen Armee und erklärt sich dem Staat gegenüber loyal. In Israel verhilft der Militärdienst zu besseren Berufsaussichten und Privilegien. Dennoch erfährt die drusische Minderheit ähnliche sozioökonomische Benachteiligungen wie auch die muslimischen Araber. Die Mehrzahl von ihnen lebt in kleinen Dörfern im Norden Israels, strikt getrennt von der jüdischen Mehrheit. Ihr Bildungsniveau und ihre berufliche Stellung liegen niedriger als bei der jüdischen Bevölkerung und es gelingt ihnen in der Regel weniger, ihre Bildungsabschlüsse in wirtschaftlichen Erfolg umzumünzen. Grundsätzlich sollte zur Betrachtung und zum Verständnis der jüdisch-arabischen Beziehungen innerhalb der israelischen Gesellschaft der umfassendere Kontext des Konflikts zwischen Israel und Palästina herangezogen werden.

6. Abschließende Bemerkungen

Israel ist gekennzeichnet durch wachsende sozioökonomische Ungleichheiten in verschiedenen Bereichen. Die Ungleichheiten sind nicht nur zwischen Juden und Arabern sowie zwischen israelischen Staatsbürgern und nicht-eingebürgerten Arbeitsmigranten, sondern auch innerhalb der jüdischen Bevölkerung evident. Hier formen sich die sozioökonomischen Ungleichheiten bei der ethnischen Differenzierung zwischen den Juden europäischer Abstammung und denen asiatischer oder afrikanischer Herkunft sowie zwischen orthodoxen und säkularen Juden. Offensichtlich haben die ethnischen Ungleichheiten innerhalb der jüdischen Bevölkerung, wie sie bereits für die Immigranten erster Generation zu beobachten waren, unverändert Bestand für die in Israel geborenen Immigranten zweiter Generation. Zudem weiten sich sozioökonomische Ungleichheiten sowie Unterschiede im bürgerschaftlichen Engagement zwischen orthodoxen und säkularen Juden in beschleunigtem Maße aus.

Auch zwischen Juden und Arabern haben sich die wirtschaftlichen Ungleichheiten verstärkt. Im Vergleich zu Ersteren sind die Araber in Israel trotz spürbarer Verbesserung des erreichten Bildungsstands bisher nicht in der Lage, diese Bildung auch in entsprechenden beruflichen und monetären Erfolg umzusetzen. Die deutlichsten Ungleichheiten hinsichtlich des Zugangs zu sozialen und wirtschaftlichen Gütern sowie zu sozialen Rechten zeigen sich beim Staatsbürgerschaftsstatus. Arbeitsmigranten und Flüchtlinge, die die israelische Staatsbürgerschaft nicht besitzen und diese auch nicht erlangen können, haben nur sehr begrenzt Zugang zu Rechten und Privilegien. Sie befinden sich auf der niedrigsten Stufe der sozialen und wirtschaftlichen Leiter und die Chancen auf Verbesserung ihrer Position in der israelischen Gesellschaft sind gering.

Die wachsenden sozioökonomischen Ungleichheiten in Israel (sei es aufgrund von Ethnizität, Religion oder des Staatsbürgerschaftsstatus) müssen vor dem Hintergrund des kontinuierlichen Wachstums wirtschaftlicher Ungleichheiten sowie der sich immer stärker ausweitenden Schere zwischen Arm und Reich bewertet werden. Eine wachsende wirtschaftliche Ungleichheit wird den Wettbewerb um Ressourcen und deren Nutzbarmachung zwischen den Gruppen vermutlich verschärfen und es gleichzeitig dem Einzelnen aus den verschiedenen Gruppen erschweren, Humankapital gleichermaßen in wirtschaftlichen und beruflichen Erfolg umzuwandeln. Dies wiederum kann möglicherweise zu einer Verschärfung der Gegensätze sowie zu Anfeindungen und Konflikten zwischen den Gruppen führen.

Angesichts der wachsenden sozioökonomischen Ungleichheiten innerhalb der israelischen Gesellschaft im Allgemeinen sowie der wachsenden Kluft zwischen den einzelnen Gruppen im Besonderen stellt sich die Frage, wie und auf welche Weise solche Ungleichheiten politisches Handeln beeinflussen können. Überraschenderweise hat die sozioökonomische Spaltung kaum Einfluss auf die politische Partizipation und das Wahlverhalten der Israelis. Paradoxerweise unterstützen die Juden mit niedrigerem sozioökonomischen Status eher die neo-liberale Rechte (»rechtsorientiertes Proletariat«), deren Politik ihnen durch den Entzug wohlfahrtsstaatlicher Maßnahmen wirtschaftlich gesehen schadet. Dieses »paradoxe« politische Verhalten erklärt sich durch die Vermengung nationaler Konflikte mit Sozial- und Wohlfahrtsmaßnahmen. Hierzu zählen die Befreiung vom Militärdienst für Ultraorthodoxe, Wohnbeihilfen für Siedler, finanzielle Unterstützung der Talmudhochschulen (*Jeschiwot*) und günstiger Wohnraum für orthodoxe Juden in der Westbank.

Das politische Verhalten der israelischen Bevölkerung ist in starkem Maße beeinflusst durch den Konflikt zwischen Israelis und Palästinensern und deren uranfänglichen Beziehungen. Bei den Wahlen von Abgeordneten zur *Knesset* spielen für die Bürger Israels politische Programme für künftige Beziehungen zu den Palästinensern eine größere Rolle als sozial-demokratische Ideologien. Es ist richtig, dass in der Vergangenheit manche Wahl aufgrund sozialer und wirtschaftlicher Missstände bestimmter Gruppen (wie der Einwanderer aus Nordafrika und Asien oder der ehemaligen Sowjetunion) entschieden wurde; und in einigen der jüngsten Wahlen wurden wirtschaftliche Ängste an politische geknüpft oder als solche missbraucht. Doch es scheint, als reagierten die Wähler in den letzten Jahrzehnten stärker auf die nationalistische Agenda und den israelisch-palästinensischen Konflikt als auf sozialdemokratische Themen oder sozioökonomische Ungleichheiten zwischen den Gruppen.

Fluchtversuche

Junge Ultraorthodoxe auf dem Weg in die israelische Gesellschaft

VON HANS-CHRISTIAN RÖSSLER

Junge Ultraorthodoxe versuchen, der engen Welt ihrer Eltern zu entkommen. Doch auf ein selbstständiges Leben sind sie schlecht vorbereitet. Jetzt sollen auch noch mehr von ihnen Wehrdienst leisten.

JERUSALEM/MODIIN ILLIT, im März [2013]. Ariel bestellt noch einen letzten Whisky, bevor er sich auf den Heimweg macht. Es ist weit nach Mitternacht. Der junge Mann mit dem kurzen schwarzen Bart hat es trotzdem nicht eilig. Über seinem weißen Hemd trägt er einen grauen Pullover, auf dem Kopf eine schwarze Kippa. Die anderen Gäste im *Blue Hole* mögen es lässiger. Sie tragen lieber Jeans und bunte Hemden. Der 23 Jahre alte Israeli fällt auf, aber das stört in der Jerusalemer Bar niemanden. Wenn es Morgen wird, studiert Ariel wieder *Thora* und *Talmud*. Er kommt aus einer strenggläubigen Familie, hat 13 Geschwister und wohnt noch zu Hause – in einem Ultraorthodoxen-Viertel. Es liegt nur ein paar Schritte von den Kneipen entlang der Jaffa-Straße entfernt, und doch in einer völlig anderen Welt.

Am Wochenende stehlen sich Männer wie Ariel aus den engen Gassen davon. »Ich sollte nicht hier sein. Aber ich brauche dieses Leben«, gesteht er im Raucherzimmer seiner Lieblingsbar, wo er sich am wohlsten fühlt; unter Männern und Frauen, die bei ihm daheim getrennt leben, wenn sie nicht Familienmitglieder sind. Im richtigen Leben lautet sein Vorname auch nicht Ariel, obwohl er beteuert, dass er nicht fürchten müsse, entdeckt zu werden. »Von den Leuten aus meinem Viertel kommt niemand in diese Lokale. Wer es trotzdem tut, schweigt, denn er hat hier nichts verloren.« Trotzdem fühlen er und die anderen ultraorthodoxen Grenzgänger sich wie Diebe in der Nacht, wenn sie nach dem festlichen *Schabbat*-Essen oder dem Abendgebet der Synagoge in das weltliche Jerusalem aufbrechen. Einige von ihnen nennen sich *Anusim*. Das ist ein alter Begriff aus der dunklen Vergangenheit. »So hießen in

Spanien in der Zeit der Inquisition die zwangsbekehrten Juden. Sie mussten Christen werden, blieben jedoch in ihrem Innern jüdisch und lebten heimlich ihren Glauben. Bei den *Anusim* von heute ist es andersherum: Äußerlich sind sie ultraorthodox, innerlich weltlich«, sagt Yair Nehorai. Der Jerusalemer Jurist ist mit beiden Welten vertraut. Er wuchs in einer toleranten religiösen Familie auf, praktiziert heute aber seine Religion nicht mehr, ebenso wenig wie viele andere Israelis. In Jerusalem hat er sich dennoch einen Namen als »Anwalt der Extremisten« gemacht, weil er oft strenggläubige Juden vor Gericht verteidigt. Über die Jahre hat er sich ihr Vertrauen erworben, und so öffnen sich ihm Türen und Menschen, die den meisten anderen im Land verschlossen bleiben.

Im Jerusalemer Nachtleben muss man die *Anusim* suchen. Es sind nicht allzu viele, die sich fortwagen wie Ariel. Die Ausbruchsversuche anderer fallen vorsichtiger aus. Auf der Jaffa-Straße flanieren nach dem Ende des jüdischen *Schabbats* am Samstagabend nebeneinander fromme und säkulare Israelis. In den Internetcafés dominieren dagegen hinter den Computern die jungen Kippa-Träger. »Bei uns sind alle Internetseiten zugänglich«, erläutert der Besitzer des Cafés und lächelt vielsagend. Von der Straße aus bietet seine große Eistheke Sichtschutz. Internet und Mobiltelefone haben jungen *Haredim* – so heißen die Strenggläubigen in Israel – geholfen, die Grenzen etwas zu verschieben, ohne sie zu sehr zu verletzen. Mit moderner Technik können sie die Einsamkeit lindern, wenn sie sich in ihrer engen Welt unverstanden fühlen.

Ariel und seine Freunde haben für diesen Zweck ein zweites Mobiltelefon: Eines ist »koscher«. Damit können sie nur telefonieren, aber nicht ins Internet gehen, Fotos aufnehmen oder Textnachrichten verschicken. Für all das haben sie ein zweites Gerät, das sie stets gut verstecken. »Wenn mich meine Mutter mit meinem Smartphone erwischt, bin ich erledigt«, sagt Mosche, den Ariel gerade per Telefon zu sich in die Bar eingeladen hat. Er ist ein Jahr älter als Ariel. Nicht nur ihre kleinen Fluchten verbinden die beiden miteinander. Sie teilen ein viel größeres Problem, dessen Lösung die Bildung einer neuen israelischen Regierung nach den Wahlen im Januar 2013 sehr erschwerte: Mosche und Ariel leisten keinen Militärdienst, sondern studieren in einem religiösen Seminar den ganzen Tag über *Talmud* und *Thora* – wie 60.000 andere strenggläubige Männer auch. Das Oberste Gericht forderte [im Jahr 2012] die Regierung auf, für mehr Wehrgerechtigkeit zu sorgen: Auch die Frommen sollen ihren Beitrag zur Verteidigung des Landes leisten, und mehr von ihnen sollen Soldaten werden. »Wenn ich in die Armee gehe, brauche ich mich zu Hause nicht mehr blicken zu lassen. Meine Familie würde mich verstoßen«, sagt Mosche. Also studiert er weiter, wie es auch Ariel tut, obwohl beide ganz andere Träume haben.

Junge Haredim untersuchen Palmblätter in Vorbereitung des Laubhüttenfests in Mea Shearim

Mosche würde gerne im Diamantenhandel seines Vaters arbeiten, Ariel in einer Bank. Bisher konnten sich junge Männer vom Militärdienst befreien lassen, wenn sie gegenüber dem Staat versprachen, hauptberuflich religiöse Studien zu betreiben und nichts anderes. Denn sie dürfen dann weder weltliche Fächer studieren noch einen Brotberuf ausüben. »Der Staat zwingt mich, ein *Haredi* zu sein, obwohl ich das gar nicht bin«, klagt Ariel. Ihm bleibt jedoch nichts anderes übrig: Nur wenn er an einer *Jeschiva*, einem der Seminare, eingeschrieben ist, erhält er wenigstens vom Staat und der Gemeinde einen kargen Lebensunterhalt. Die meisten der Studenten sind auf diese Unterstützung noch stärker angewiesen als er selbst. Im Unterschied zu ihm heiraten sie jung und haben bald mehrere Kinder.

Immer mehr Israelis haben genug davon, das Leben der religiösen Minderheit zu subventionieren und ihr auch noch den Wehrdienst zu ersparen. Politiker wie der frühere Fernsehmoderator Yair Lapid waren bei den Wahlen im Januar [2013] erfolgreich, weil sie Reformen versprachen, vor denen Ministerpräsident Benjamin Netanjahu aus Rücksicht auf die ultraorthodoxen Parteien bisher zurückschreckte. Seit Mitte März [2013] gehören *Schas*- und *Vereinte Thora*-Partei nicht mehr der Regierung an. Yair Lapid ist Finanzminister und stellt die zweitgrößte Partei in der neuen Koalition. Die Regierung hat angekündigt, dafür zu sorgen, dass bald mehr Strenggläubige Wehr- oder Ersatzdienst leisten werden. Doch einen schlüssigen Ausweg aus dem alten Teufelskreis hat auch sie noch nicht gefunden. »Ich sehe für mich keine Lösung. Sollen sie uns doch einfach arbeiten lassen«, verlangt Ariel. Das ist leichter gesagt als getan, denn in den religiösen Schulen, die er und die anderen Strenggläubigen seit ihrer Kindheit besuchten, stehen Fächer wie Mathematik, Sozialkunde oder Englisch praktisch nicht auf dem Lehrplan.

Auf dem Arbeitsmarkt haben sie deshalb kaum Chancen. Außer sie werden selbst aktiv, wie Mosches Freund David – auch die beiden haben im richtigen Leben andere Vornamen. David spricht ein etwas eigenwilliges Englisch. »Das habe ich mir selbst beigebracht. Ich habe im Fernsehen heimlich amerikanische Filme angesehen, bis man mich dabei entdeckte und aus der *Jeschiva* warf«, erzählt er. Jetzt ist er noch einen Schritt weitergegangen: Er wurde Soldat und dient in einer Armee-Einheit, die eigens für ultraorthodoxe Männer eingerichtet wurde. Auf seinem Stützpunkt gibt es deshalb keine Frauen. David hat lange mit sich gerungen, bis er sich entschloss, seinen Bürgerpflichten nachzukommen, denn der Preis, den er zahlen musste, war sehr hoch. »Meine Familie redet seitdem nicht mehr mit mir«, berichtet der 24 Jahre alte Mann, der gerne lacht und mit Frauen plaudert. Seine Kippa hat er in der Jerusalemer Bar zusammengeknüllt und in die Hosentasche gesteckt. Wenn er mit seinem Militärdienst fertig ist, ist er ein freier Mann: »Aber ich habe bisher nichts gelernt, womit ich Geld verdienen könnte.« David kommt sich immer wieder vor wie ein Gefangener, der sich aus der religiösen Welt nicht mehr selbst befreien kann.

Es gibt aber auch strenggläubige junge Männer, die ihren Armeedienst als Chance begreifen. Kurz nach fünf Uhr kommt Chaim abends vom Militärdienst in seine Wohnung in Modiin Illit zurück. Das Fotopuzzle an der Wohnzimmerwand zeigt Neuschwanstein. In der Glasvitrine daneben stehen die schweren Bände einer *Talmud*-Ausgabe. Zur khakifarbenen Armeeuniform trägt der junge Israeli auf dem Kopf eine Kippa aus schwarzem Samt. »Die *Thora* ist für mich das Wichtigste. Leider haben wir so viele Feinde, dass wir unser Land verteidigen müssen. Gleichzeitig will ich aber auch selbst für meine Familie sorgen können«, sagt der 24 Jahre alte Mann aus Modiin Illit. Er bezeichnet sich als »strenggläubig, aber offen«. Unter den gut 50.000 Einwohnern seiner Heimatstadt nordwestlich von Jerusalem gehört er jedoch zu einer Minderheit: In Modiin Illit leben fast nur ultraorthodoxe Juden. Mit acht Kindern pro Frau nimmt die Stadt in der israelischen Geburtenstatistik einen Spitzenplatz ein. Anders als Chaim studieren die meisten Männer dort hauptberuflich *Thora* und *Talmud*, statt zur Armee zu gehen. »Israel braucht eine starke Armee genauso nötig wie Männer, die Tag und Nacht beten und studieren, damit das Land stark bleibt. Daran wird kein Gesetz etwas ändern«, ist Chaim überzeugt. Er ist einer von derzeit insgesamt etwa 900 strenggläubigen Soldaten. Dazu kommen weitere 1.100 Männer, die eine Art Zivildienst leisten. Das sind wenige im Vergleich zu den mehr als 60.000 *Thora*-Studenten, die sich zuletzt Jahr für Jahr von der Dienstpflicht befreien ließen, um eine *Jeschiva* zu besuchen – als Israel im Jahr 1948 gegründet wurde, waren es nur 400 Männer, die der Staat für das Studium an einer dieser religiösen Hochschulen freistellte. Chaim ist religiös, aber hat auch noch andere Pläne. Nach dem Wehrdienst würde er sich gern als Tischler selbstständig machen. »Mir hat besonders zugesagt, dass ich in der Armee auch einen Beruf lernen kann«, gibt er zu. Mit solchen Programmen, die Grundwehrdienst mit einer Berufsausbildung kombinieren, versucht die israelische Regierung schon seit Jahren, mehr junge Ultraorthodoxe zu gewinnen – bisher ohne größeren Erfolg. Dabei kommt die Armee den frommen Soldaten entgegen: In Chaims Stützpunkt gibt es besonders koscheres Essen, eine Synagoge und mittags Vorträge von Rabbinern. Weil er schon eine Familie hat, darf Chaim zu Hause bei Frau und Kind schlafen und bekommt umgerechnet tausend Euro Sold. Seinem Schwager Eli ist das jedoch nicht genug. »In der Armee müsste sich noch viel mehr für strenggläubige Juden wie mich ändern«, sagt der bärtige Israeli, der in einer *Jeschiwa* studiert und mit einem Fünftel von Chaims Sold auskommen muss. Ist diese Entscheidung einmal bei den Behörden registriert, kann er sie nicht mehr rückgängig machen, solange er im wehrfähigen Alter ist.

Jedidia Stern rät trotzdem dazu, geduldig zu sein und warnt davor, zu viel Zwang auf die ultraorthodoxe Minderheit auszuüben. Der Jerusalemer Juraprofessor vom angesehenen Israelischen Demokratieinstitut beobachtet schon seit einiger Zeit eine »kleine Revolution«: Innerhalb von nur fünf Jahren habe sich die Zahl der Frommen, die Wehr- und Zivildienst leisten, verfünffacht. Gehe diese Entwicklung ähnlich weiter, würden sich die Lasten in ein paar Jahren gerecht verteilen – ganz »ohne Zwang und ein neues Gesetz«, meint Stern. Die meisten seiner Studenten tragen schwarze Hüte und lassen sich Schläfenlocken wachsen, die sie als besonders gläubige Juden ausweisen. »Heute studieren 6.000 dieser *Haredim* säkulare Fächer in Hochschulen. Das sind dreimal so viele wie noch vor vier Jahren. Darunter sind auch immer mehr Frauen«, berichtet Stern. Unter den Ultraorthodoxen setze sich zunehmend die Einsicht durch, dass ihr bisheriger Lebensstil mit Zehntausenden *Thora*- und *Talmud*-Studenten, die ihren Lebensunterhalt nicht selbst verdienen, nicht mehr durchhalten lasse. Wie groß unter ihnen die Zahl der Aussteiger ist, die am liebsten völlig mit ihrer alten Welt brechen würden, kann niemand genau sagen. Verlässliche Zahlen oder Untersuchungen gibt es nicht. In der Jerusalemer Kneipe *Blue Hole* schätzen David und seine Freunde, dass in ihren Seminaren vielleicht ein Zehntel ihrer Klassenkameraden ähnliche Fluchtgedanken

Unter Ultraorthodoxen setzt sich die Einsicht durch, dass sich ihr bisheriger Lebensstil nicht mehr durchhalten lässt.

hegt wie sie. Ob es mehr werden, können selbst diejenigen schwer sagen, die sich in diesen Kreisen bewegen. Denn es gibt genauso auch junge Juden, die sich für die entgegengesetzte Richtung entscheiden. »Sie rebellieren gegen ihre Eltern, indem sie noch religiöser werden als ihre Väter und Mütter. Frauen umhüllen auf einmal ihren ganzen Körper mit Stoff, so wie die Taliban es in Afghanistan tun«, beobachtet Anwalt Nehorai. »Tuchfrauen« werden sie genannt. In seinem Buch »Das Kind der Talibanfrau« hat Nehorai beschrieben, welche schlimmen Folgen diese Art von Extremismus für die Familien haben kann. Die Mütter schirmen ihre Kinder von der nichtreligiösen Außenwelt ab. Nehorai wollte zeigen, wie die Seele eines Kindes Schaden nehmen kann, wenn es in einem Kult aufwächst und Religion missbraucht wird. »Das kann überall auf der Welt passieren und ist nicht typisch jüdisch«, sagt er über sein Buch, das mittlerweile auch in Deutschland im Nicolai Verlag erschienen ist.[1]

Die Parallelwelt der strenggläubigen Israelis wird zum Problem. Denn die ultraorthodoxe Minderheit wächst viel schneller als die säkulare Mehrheit. Die Armee braucht mehr von ihnen als Soldaten, die Regierung stößt mit den Subventionen für die Familien der Frommen an finanzielle Grenzen. Deshalb hält auch Yair Nehorai einen Erfolg der Reformen, die die neue Regierung versprochen hat, für entscheidend: »So wie bisher kann es nicht weitergehen«, sagt er voraus.

Der vorliegende Beitrag von Herrn Rößler setzt sich aus zwei Artikeln zusammen, die in der Frankfurter Allgemeinen Zeitung erschienen sind: »Mit Kippa und Uniform« (03.04.2012) und »Unfreiwillig fromm« (04.03.2013). *Zur Verfügung gestellt vom Frankfurter Allgemeine Archiv. Wir danken der Frankfurter Allgemeinen Zeitung für die freundliche Genehmigung des Nachdrucks.*

[1] Nehorai, Yair: Das Kind der Talibanfrau. Berlin 2012.

Protestbewegung nahe der Macht

Der Erfolg der jüdischen Siedlerbewegung in Israel

VON CLAUDIA BAUMGART-OCHSE

Kein anderer Kandidat zog im israelischen Wahlkampf 2013 so viel Aufmerksamkeit auf sich wie Naftali Bennett. Er verkörpert in einer Person, was im israelischen Denken bislang meist auseinanderdividiert wurde: Er ist weltläufig, eloquent, spricht fließend Englisch, hat Millionen im Software-Geschäft der israelischen Hightech-Branche verdient, wohnt mit seiner Familie in einem schicken Vorort von Tel Aviv und er trägt eine gehäkelte Kippa, das Zeichen der Nationalreligiösen. Er war Generaldirektor des Rates der jüdischen Siedler im Westjordanland und hat einige Jahre lang das Büro von *Likud*-Chef Benjamin Netanjahu geleitet, bis er sich entschied, selbst in die große Politik einzusteigen: als Vorsitzender von *HaBayit HaYehudi* (Jüdisches Heim), einer Partei, die vor allem die Siedler am rechten Rand des israelischen Parteienspektrums vertritt. Unter seiner Führung hat die Partei so viele Schlagzeilen gemacht, wie nie zu vor – und zwar sowohl in der nationalen als auch in der internationalen Presse.[1] Bennett avancierte im Wahlkampf zum großen Rivalen von Premierminister Netanjahu. Und auch wenn *HaBayit HaYehudi* am Ende doch etwas schlechter abschnitt, als von manchen Demoskopen prophezeit, so fuhr die Partei doch ein für sie traumhaftes Ergebnis ein. Mit zwölf Sitzen im israelischen Parlament, der *Knesset*, konnte Netanjahu nicht umhin, der rechtsnationalistischen Partei wichtige Posten in seiner Regierungskoalition einzuräumen.

Der Fall Naftali Bennett zeigt, wie weit sich die jüdischen Siedler in die Mitte der israelischen Gesellschaft vorgearbeitet haben. Offensiv vertritt Bennett sein politisches Ziel: die Gründung eines palästinensischen Staates unter allen Umständen zu verhindern. Es werde niemals eine verhandelte Friedenslösung mit den Palästinensern geben, so hat er es im Wahlkampf immer wieder betont. Denn ein palästinensischer

---

[1] Vgl. Remnick, David: »The Party Faithful. The Settlers move to annex the West Bank – and Israeli Politics.« In: The New Yorker, 21. Januar 2013. URL: http://www.newyorker.com/reporting/2013/01/21/130121fa_fact_remnick (18.07.2013).

Staat in der Westbank würde seiner Ansicht nach binnen Kurzem auf einen zweiten Gaza-Streifen hinauslaufen – eine weitere Bastion des islamistischen Extremismus, die für Israel eine erhebliche Bedrohung darstellt. Stattdessen schlägt Bennett vor, sechzig Prozent des Westjordanlands zu annektieren: das Gebiet, das seit den Osloer Verträgen in den 1990er Jahren unter militärischer Kontrolle Israels steht und in dem sich die jüdischen Siedlungen und militärischen Anlagen befinden.[2] Kein Sturm der Entrüstung schlug Bennett auf Grund seiner politischen Ideen entgegen, vielmehr scheint der Senkrechtstarter eine Brücke zu schlagen zwischen dem modernen, liberalen Israel und den radikalen Siedlern in den besetzten Gebieten.

Bennetts Ideen sind keineswegs neu. Seit Jahrzehnten erhebt die religiöse Rechte in Israel den historisch-biblisch begründeten Anspruch auf die palästinensischen Gebiete. Doch wer in Tel Aviv oder Haifa lebt, blickte bislang meist skeptisch auf die ultra-nationalistischen religiösen Juden, die in Kommunen und Städten wie Elon Moreh oder Kirjat Arba unter dem Schutz des israelischen Militärs leben, mitten in dicht besiedelten palästinensischen Gegenden, ihre Orte verbunden durch ein Netz von Straßen, die nur von Siedlern benutzt werden dürfen. Vor allem während der Hochzeit des Osloer Friedensprozesses empfanden viele Israelis die Siedler gar als Belastung, als größtes Hindernis für eine Verhandlungslösung des Konflikts mit den Palästinensern, die für einen kurzen Moment in der Geschichte zum Greifen nah schien. Doch nicht zuletzt die Frustration mit diesem Friedensprozess hat die Lager näher zusammenrücken lassen: die Jahre, in denen die israelische Gesellschaft immer neue Selbstmordattentate und Anschläge zu verkraften hatte; die zweite Intifada, die von vielen Israelis als brutaler Schlag ins Gesicht nach den gescheiterten Friedensverhandlungen von Camp David und Taba im Jahr 2000 empfunden wurde; und nicht zuletzt die jüngsten Erfahrungen mit dem Raketenbeschuss aus dem *Hamas*-regierten Gaza-Streifen, aus dem Israel 2005 die jüdischen Siedler und militärischen Anlagen evakuiert hatte.[3] Als Ende 2012 der Konflikt erneut eskalierte, reichten einige der aus dem Gaza-Streifen abgeschossenen Raketen bis nach Tel Aviv, jener Stadt, die häufig als eine große Blase beschrieben wird, weil der Konflikt sie bislang scheinbar nicht berührte. Aus diesen Erfahrungen ziehen viele Israelis den Schluss, dass es auf Seiten der Palästinenser keine ernsthafte Bereitschaft

[2] In den Osloer Verträgen wurde das Westjordanland in drei Zonen eingeteilt. Zone A umfasst die palästinensischen Städte wie Nablus und Ramallah, dort obliegt der palästinensischen Autonomiebehörde (PA) Kontrolle über Sicherheit und zivile Angelegenheiten. In der B-Zone teilt sich die PA die Sicherheitskontrolle mit Israel. Die C-Zone untersteht israelischer militärischer und ziviler Kontrolle, ausgenommen sind lediglich die palästinensischen Bürger. Sie umfasst die israelischen Siedlungen, Militäranlagen und Sicherheitszonen. Heute leben dort mehr als 330 000 jüdische Siedler und etwa 150 000 Palästinenser, zumeist Beduinen.

[3] Ben Meir, Yehuda/Shaked, Dafna: »The People Speak: Israeli Public Opinion on National Security 2005-2007.« In: Memorandum Nr. 90. Tel Aviv 2007. S. 52-59.

für einen Frieden gebe; und politische Stimmen wie die von Naftali Bennett werden salonfähig im israelischen Diskurs. Doch was steckt hinter dem Erfolg des Senkrechtstarters? Wie hat es die Siedlerbewegung geschafft, auch mehr als vier Jahrzehnte nach ihrem Entstehen noch immer eine der einflussreichsten Kräfte in der israelischen Politik zu sein? Um diesen Fragen nachzugehen, wird im Folgenden zunächst ein Blick zurück auf die Geschichte und Ideologie der Siedlerbewegung geworfen. Darauf folgt eine Analyse der Faktoren und Strategien, welche die Siedlerbewegung zur erfolgreichsten politischen Bewegung des modernen Israels haben werden lassen.

1. Von Rav Kook zu Naftali Bennett: Die jüdische Siedlerbewegung in Israel

Naftali Bennett und seine Partei *HaBayit HaYehudi* sind lediglich die jüngste Inkarnation einer politischen Strömung, die seit mehr als vier Jahrzehnten das Schicksal Israels beeinflusst. Die jüdische Siedlerbewegung rekrutiert sich aus einem Segment der israelischen Gesellschaft, das in der Regel als »nationalreligiös« oder »religiös-zionistisch« bezeichnet wird. Damit ist eine Richtung des orthodoxen Judentums gemeint, die dem Staat Israel positiv und unterstützend gegenübersteht und in ihm eine Manifestation göttlichen Handelns auf dem Weg zur Erlösung des jüdischen Volkes sieht.[4] Innerhalb dieses Segments gibt es durchaus Abstufungen in der politischen Ausrichtung. Ehud Sprinzak, der zu den führenden Experten für die extreme Rechte in Israel zählte, hat dafür das »Eisberg-Modell« des politischen Extremismus entwickelt: Die hochgradig ideologischen, radikalisierten Siedler sind demnach nur die Spitze des Eisberges; doch getragen werden sie von einer großen Masse von Unterstützern und Sympathisanten, die der breiteren, weniger radikalen religiös-zionistischen Strömung angehören.[5]

Dass orthodoxe Juden einen diesseitigen, von säkularen Juden regierten Staat Israel als göttliches Zeichen für den Beginn der Erlösung deuten, wäre jedoch noch rund ein Jahrhundert zuvor kaum denkbar gewesen. Als im 19. Jahrhundert der

[4] Shafir und Peled unterscheiden vier verschiedene Reaktionsweisen der jüdischen Orthodoxie auf den säkularen Zionismus und den israelischen Staat. Die heutigen Nationalreligiösen – oder auch religiösen Zionisten – sind Unterstützer aus Prinzip (principled accommodationism). Vor 1967 lässt sich diese Richtung jedoch als pragmatische Unterstützung beschreiben (pragmatic accommodationism), die keine endzeitlich-messianische Bedeutung in der Gründung des Staates Israel sah. Im Bereich der Ultraorthodoxie gibt es die pragmatischen Ablehner des säkularen Zionismus (pragmatic rejectionism), die sich aus praktischen, materiellen Gründen mit dem Zionismus arrangiert haben und, wenn auch widerstrebend, kooperieren; und die Ablehner aus Prinzip (principled rejectionism), die im israelischen Staat eine Häresie sehen und ihn praktisch wie ideologisch ablehnen. Shafir, Gershon/Peled, Yoav: Being Israeli: The Dynamics of Multiple Citizenship. Cambridge/New York 2002. S. 137-158.

[5] Sprinzak, Ehud: »The Iceberg Model of Political Extremism.« In: Newman, David (Hg.): The Impact of Gush Emunim. Politics and Settlement in the West Bank. Bockenham/Sydney 1985. S. 27-45.

Zionismus als typisch europäische, säkulare Nationalbewegung auf die weltpolitische Bühne trat, reagierte die rabbinische Orthodoxie in Europa mit weitgehender Ablehnung. Nur wenige der religiösen Gelehrten sprachen sich für eine pragmatische Zusammenarbeit aus, um einen Ausweg aus der zunehmend bedrückenden Situation der Juden vor allem in Osteuropa zu suchen. Sie gründeten die Partei *Misrachi* und kooperierten mit der dominanten Strömung des säkularen, politischen Zionismus.[6] Doch die Mehrheit der orthodoxen Rabbiner verurteilte die von säkularen Juden dominierte Nationalbewegung, weil sie in ihr den Bruch göttlicher Gebote und einen irrigen Messianismus zu erkennen glaubte. Gott selbst hatte sein Volk in die Diaspora verstreut – und ihm allein sollte es vorbehalten bleiben, die Juden aus dem Exil zu erlösen und die jüdische Souveränität in Israel unter der Regentschaft des Messias wiederherzustellen. Lediglich durch Gebet und das Befolgen der Gebote konnte der Prozess der Erlösung beschleunigt werden, keinesfalls jedoch durften Juden aktiv das »Ende herbeizwingen«.[7] Doch genau das versuchten in den Augen der Orthodoxie die säkularen Zionisten wie Theodor Herzl oder Max Nordau. Dass die zionistische Nationalbewegung, trotz ihres offenkundig säkularen Charakters und ihrer engen Verbindung mit dem Sozialismus osteuropäischer Prägung, regen Gebrauch von den Symbolen und Narrativen der jüdischen Tradition machte, ist unbestritten. Sie glich in diesem Aufgreifen kultureller, religiöser und ethnischer Motive zum Zweck der Einigung und Mobilisierung den anderen europäischen Nationalbewegungen der Zeit. Und wie diese hat sie seitdem mit den widerstrebenden Kräften von partikularistischer nationaler Identität und universalistisch-liberalem Anspruch zu kämpfen.

1.1 Rav Kook

Der erste orthodoxe Gelehrte, der den Zionismus theologisch deutete, war Abraham Isaak HaCohen Kook (1865-1935), der erste Oberrabbiner des *Jischuvs*, der vorstaatlichen jüdischen Gemeinschaft in Palästina, von seinen Anhängern kurz »Rav Kook« genannt. Während die traditionelle rabbinische Lehre die Heiligkeit des Landes Israel an das Befolgen der religiösen Gesetze knüpfte, begriff Kook Heiligkeit als eine von Gottes Präsenz herrührende Qualität, die dem Land innewohnt. Die volle religiöse und geistige Neugeburt und Entfaltung des jüdischen Volkes sei nur im Land Israel möglich. Deswegen entspreche es dem göttlichen Gebot, in das Land Israel zu gehen und dort zu siedeln. Kook verband kabbalistische Motive der jüdi-

[6] Einführend in die Geschichte des Zionismus vgl. Brenner, Michael: Geschichte des Zionismus. München 2002.

[7] Vgl. Hagemann, Steffen: Die Siedlerbewegung. Fundamentalismus in Israel. Schwalbach i.Ts. 2010. S. 96-101; Eisenstadt, Shmuel N.: Die Transformation der israelischen Gesellschaft. Frankfurt 1992. S. 77f.; Dieckhoff, Alain: The Invention of a Nation. Zionist Thought and the Making of Modern Israel. London 2001.

schen Mystik mit europäischer dialektischer Geschichtsphilosophie und gelangte so zu einer Unterscheidung zwischen den subjektiven Motiven der säkularen Zionisten und der objektiven Bedeutung ihres Handelns. Ohne dass es ihnen selbst bewusst sei, würden die zionistischen Pioniere zu Werkzeugen göttlichen Erlösungshandelns, indem sie die Besiedlung und Bebauung des Heiligen Landes vorantrieben. Das heilige Feuer Israels brenne auch in diesen säkularen, sündigen Juden, jedoch tief verborgen. Damit es hell und für alle sichtbar lodern könne, sollten die gesetzestreuen Orthodoxen ihnen zur Erkenntnis verhelfen, damit das Volk Israel, das Land Israel und die *Thora* Israel zu ihrer ewigen Einheit zurückfinden könnten.[8] Doch Kooks innovative theologisch-geschichtsphilosophische Deutung blieb zunächst randständig in einer Gesellschaft, deren ganze Energie darauf verwandt wurde, das eigene Überleben zu sichern sowie soziale und politische Strukturen während der britischen Mandatszeit und später im jungen Staat Israel aufzubauen. Die politische Elite der Gründerjahre, die sich dem säkularen, sozialistischen bis sozialdemokratischen Spektrum zuordnete, entwickelte eine etatistisch-sozialistische Ideologie – *mamlachtiyut* –, welche den Staat als zentralen normativen Bezugspunkt setzte. Mit Hilfe dieser zentralisierenden Ideologie sollten die immense Aufbauarbeit ebenso wie die Integration der Einwanderer in den jungen Staat gemeistert werden. Das Verhältnis des Staates zur Religion wurde im sogenannten Status Quo geregelt: So wurden die jüdischen Feste zu gesetzlichen Feiertagen und die Speisegesetze als verbindlich für öffentliche Einrichtungen erklärt. Im Gegenzug kooperierten die Parteien aus dem ultraorthodoxen und orthodoxen Spektrum in innenpolitischen Fragen mit der Regierung, hielten sich aber aus Außen- und Sicherheitspolitik heraus.[9]

Die Nationalreligiöse Partei *Mafdal*, aus der *Misrachi*-Bewegung hervorgegangen, behielt ihren moderaten, pragmatischen Kurs bei und unterstützte den Staat – jedoch maß sie ihm keine messianisch-theologische Bedeutung bei. Das änderte sich erst mit dem Krieg von 1967, in dem die israelische Armee überraschend den Gaza-Streifen, den Golan, den Sinai und das Westjordanland und Ostjerusalem eroberte. Hatte man sich am Vorabend des Krieges angesichts der ägyptischen Drohgebärden am Rande einer Katastrophe, ja eines neuen Holocaust gewähnt, so taumelte die israelische Gesellschaft nach nur sechs Tagen Krieg im Gefühl der

[8] Im komplexen theologischen Werk des älteren Kook stellen diese Überlegungen nur einen kleinen Teilbereich dar, der hier verkürzt dargestellt wird. Vgl. Ravitzky, Aviezer: Messianism, Zionism, and Jewish Religious Radicalism. Chicago 1996. Kapitel 3; Wald, Kenneth D.: »The Religious Dimension of Israeli Political Life.« In: Jelen, Ted. G./Wilcox, Clyde (Hg.): Religion and Politics in Comparative Perspective: The One, the Few and the Many. Cambridge 2002. S. 99-122; Hagemann: Die Siedlerbewegung, S. 102ff.

[9] Zum »Consociationalism« in Israel vgl. Cohen, Asher/Susser, Bernard: Israel and the Politics of Jewish Identity. The Secular-Religious Impasse. Baltimore/London 2002.

Unbesiegbarkeit.[10] Nicht zuletzt zählten zu den im Krieg eroberten Gebieten jene Landstriche, die in der jüdischen Tradition als die Kerngebiete der antiken jüdischen Königreiche gelten, insbesondere das Westjordanland mit Judäa und Samaria. Den größten emotionalen Wert hatte für Israel jedoch die Eroberung Ostjerusalems mit dem wichtigsten Heiligtum der jüdischen Religion, der Westmauer des 70 n. Chr. zerstörten Tempels. Jerusalem wurde wenige Wochen nach dem Krieg annektiert und die Betonmauer, die Ost- und Westteil der Stadt trennten, abgerissen. Weit über das rechte Lager hinaus schwappte eine Welle nationaler Euphorie durch das Land, die auch säkulare Kreise erfasste und eine neue Groß-Israel-Ideologie hervorbrachte. Das Pendel des israelischen Selbstverständnisses schlug um von einer universalistisch-zivilen hin zu einer ethno-nationalen Konzeption des Staates.[11] Vor diesem Hintergrund erlebte die Kook'sche Theologie eine neue Blüte. Die von Rav Kook gegründete *Thoraschule Merkas HaRav* (Zentrum des Rabbis) war zwischenzeitlich von seinem Sohn, Zvi Jehuda HaCohen Kook übernommen worden. Zvi Kook gab die Werke seines Vaters heraus und galt als ihr autoritativer Interpret, auch wenn es ihm an der intellektuellen Originalität des Vaters mangelte. In seiner Lesart wurde aus der komplexen, mystisch-philosophischen Theologie des Rav Kook eine stark zugespitzte messianisch-politische Ideologie.

1.2 Das Beispiel Kirjat Arba

Nach dem Krieg warteten Zvi Kook und seine Schüler mit einer religiös-messianischen Deutung der Ereignisse auf. Sie schrieben den Ereignissen eine transzendente, heilige Qualität zu. Der Sieg der israelischen Armee über die arabischen Truppen wurde als göttliches Eingreifen gefeiert, als Befreiung des verheißenen Landes aus den Händen der Feinde. Für die Kookisten[12] war die Grenze zwischen Transzendenz und Immanenz, zwischen heiliger und politischer Sphäre nun überwunden. Sie glaubten sich inmitten des göttlichen Erlösungsprozesses. Mit geradezu ekstatischer Energie starteten kleine Gruppen von Kookisten die ersten Versuche, in den besetzten Gebieten zu siedeln. Ein früher Erfolg war die Besetzung des Parkhotels in Hebron: Eine Gruppe von *Thora*-Schülern und Rabbinern um Moshe Levinger und Eliezer Waldman erbat sich 1968 die Erlaubnis, das *Passah*-Fest in der Nähe der Gräber der Patriarchen feiern zu dürfen. Doch es blieb nicht bei den Feiertagen.

---

[10] Oren, Michael B.: Six Days of War. June 1967 and the Making of the Modern Middle East. Oxford/New York 2002.

[11] Migdal, Joel S.: »Changing Boundaries and Social Crisis. Israel and the 1967 War.« In: Heydemann, Steven (Hg.): War, Institutions, and Social Change in the Middle East. Berkeley, Los Angeles, London: University of California Press 2000. S. 174-199; vgl. auch Sandler, Shmuel: The State of Israel, the Land of Israel. The Statist and Ethnonational Dimensions of Foreign Policy. Westport 1993.

[12] Dieser Begriff wurde von Gideon Aran geprägt, einem der profundesten Kenner der jüdischen Siedlerszene. Aran, Gideon: »Jewish Zionist Fundamentalism: The Bloc of the Faithful in Israel (Gush Emunim).« In: Marty, Martin E./Appleby, R. Scott (Hg.): Fundamentalism observed. Chicago 1991. S. 265-344.

Begünstigt von der Uneinigkeit der Regierung über die Frage, was mit den besetzten Gebieten zu geschehen habe, gelang es den Siedlern, ihre Evakuierung aus Hebron abzuwenden – zum Teil dank der Unterstützung von Regierungsmitgliedern wie Yigal Alon. Die Siedler erhielten sogar eine Genehmigung, eine *Jeschiva* (*Thora-*Schule) zu bauen, und sie errichteten ohne Genehmigung der Militärverwaltung weitere Gebäude, Geschäfte und Schulen. Weil es jedoch zu Auseinandersetzungen mit den palästinensischen Bewohnern kam, gab die Regierung 1970 grünes Licht für den Bau einer jüdischen Stadt in unmittelbarer Nähe zu Hebron: Kirjat Arba.[13]

Diesem Muster sollten später viele weitere Siedlungsgründungen in den besetzten Gebieten folgen: Die Siedler, erfüllt von messianischem Eifer, ließen sich ohne Genehmigung an einem Ort nieder. Häufig schickte sich dann das Militär an, die Siedlungen zu evakuieren – doch die Siedler kehrten immer wieder zurück, bis die Regierung schließlich nachgab und nachträglich Genehmigungen erteilte. Gerade die Tatsache, dass es der israelischen Politik an einer übergeordneten, von allen Regierungsmitgliedern geteilten Strategie für den Umgang mit den besetzten Gebieten mangelte, eröffnete den Siedlern Spielraum für ihre eigene Strategie. So wurde aus Israel ein »unbeabsichtigtes Imperium«, wie Gershom Gorenberg[14] schreibt.

Jüdische Siedlungen auf den Dächern des arabischen Altstadtviertels von Jerusalem

[13]Vgl. Hagemann: Die Siedlerbewegung. S. 166-168.
[14]Gorenberg, Gershom: The Accidental Empire. New York 2006.

1.3 Der ultra-nationalistische »Block der Getreuen«

Während der *Jom-Kippur*-Krieg 1973 den israelischen Staat in eine tiefe Krise gestürzt und den Glauben an die Unbesiegbarkeit der israelischen Armee erschüttert hatte, präsentierten sich die ultra-nationalistischen Religiösen als neue Pioniergeneration und zionistische Avantgarde: bereit, das Land zu besiedeln und zu verteidigen, asketisch, heroisch und unbeugsam. 1974 wurde *Gusch Emunim* (Block der Getreuen) gegründet, jene Dachorganisation der religiösen Siedlerbewegung, die in den folgenden Jahren zur wichtigsten außerparlamentarischen politischen Bewegung in Israel heranwuchs. Ihre Führungselite rekrutierte sich größtenteils aus Absolventen von *Merkas HaRav*, ihr geistlicher Nestor war unangefochten Zvi Kook. *Gusch Emunim* wurde zum Inbegriff der Siedlerbewegung, die sich der Inbesitznahme und Besiedlung der besetzten palästinensischen Gebiete verschrieben hatte.[15] Nach den Wahlen von 1977, die erstmals in der israelischen Geschichte den *Likud*-Block unter der Führung Menachem Begins an die Regierung brachte, erhielt sie zudem offiziellen Rückenwind von Staatsseite. Die Zahl der Siedlungen stieg an und *Gusch Emumim* etablierte sich als ideologische Speerspitze der Siedlerbewegung, die auf beachtlichen Rückhalt in der Gesellschaft zurückgreifen konnte. Insbesondere das nationalreligiöse Publikum, das sich traditionell in der Partei *Misrachi* organisiert hatte, wurde in den Radikalisierungsprozess hineingezogen. In der Nachfolgepartei von *Misrachi*, der Nationalreligiösen Partei, übernahm eine neue Generation von Politikern die Führung, die stark vom Kookismus beeinflusst war.[16]

1.4 Krise der Siedlerbewegung

Das Friedensabkommen der *Likud*-Regierung mit Ägypten im Jahr 1978 und die nachfolgende Evakuierung jüdischer Siedlungen im Sinai waren erste Anzeichen einer schleichenden Krise *Gusch Emunims* und des weiteren ultra-nationalistischen Milieus.[17] Aus dem Libanon-Krieg zu Beginn der 1980er Jahren ging die rechts-nationale Regierung stark geschwächt hervor, und die erste Intifada in den besetzten Gebieten, die Israel 1987 völlig überraschend traf, läutete einen Wandel in der israelischen Debatte ein. Als »moralische Krise« hat Margret Johannsen die Reaktionen in Israel auf die Intifada bezeichnet. Die Brutalität der militärischen Besatzung

[15] Vgl. Zertal, Idith/Elda, Akiva: Lords of the Land. The War Over Israel's Settlements in the Occupied Territories, 1967-2007. New York 2007.

[16] Newman, David: »From Hitnachalut to Hitnatkut. The Impact of Gush Emunim and the Settlement Movement on Israeli Politics and Society.« In: Israel Studies, Bd. 10, Nr. 3/2005. S. 192-224.

[17] Zeitgleich führte diese Schwächung der Gesamtbewegung zur Radikalisierung einzelner Gruppen. Im Westjordanland entstand ein jüdischer Untergrund, der z. B. 1984 die Sprengung des Felsendoms auf dem Tempelberg plante, aber aufgedeckt wurde.

spaltete die israelische Gesellschaft und zog massive internationale Kritik auf sich.[18] Internationale und regionale Ereignisse wie das Ende des Ost-West-Konflikts, die Krise des Petrolismus in den arabischen Ländern und der Irak-Krieg von 1990 veränderten den Nahen Osten in einer Weise, dass die intensive Diplomatie der US-Regierung 1991 zur multilateralen Friedenskonferenz in Madrid führte.

1992 kam in Israel eine Mitte-Links-Regierung unter Jizchak Rabin an die Macht, die schließlich 1993 die *PLO* als legitime Repräsentantin der Palästinenser anerkannte und ihre Unterschrift unter die Osloer Abkommen setzte – der Friedensprozess begann. Mit seiner programmatischen Formel »Land für Frieden« kam er für die Siedlerbewegung einer Katastrophe gleich, denn die Regierung des israelischen Staates schickte sich an, das von Gott selbst dem jüdischen Volk gegebene Land in die Hände der Palästinenser zu geben. Die Siedler leisteten erbitterten Widerstand gegen den Friedensprozess. Einige ihrer Rabbiner hetzten gegen die Regierung und ordneten an, dass Soldaten den Befehl verweigern sollten, wenn sie an der Räumung jüdischer Siedlungen beteiligt werden sollten. In den besetzten Gebieten kam es zu gewaltsamen Zusammenstößen zwischen Siedlern und Palästinensern. 1994 erschoss ein jüdischer Siedler und Arzt aus Kirjat Arba, Baruch Goldstein, 29 betende Muslime in der Grabstätte der Patriarchen in Hebron. Im November 1995 wurde Jizchak Rabin Opfer eines Attentäters, der aus dem ultranationalistischen religiösen Umfeld stammte. Die israelische Gesellschaft war tief zerrissen angesichts dieser dramatischen Ereignisse. Nach dem Attentat auf Rabin mehrte sich die Kritik an der Siedlerbewegung und ihren geistlichen und politischen Führern – doch auch innerhalb der Bewegung waren viele geschockt über die Tat.

Die Regierung des israelischen Staates schickte sich an, das von Gott selbst dem jüdischen Volk gegebene Land in die Hände der Palästinenser zu geben.

Während Schimon Peres von der Arbeitspartei als neuer Ministerpräsident anfangs breite Zustimmung genoss, sorgte eine Serie grausamer Selbstmordattentate der *Hamas* im Frühjahr 1996 dafür, dass Benjamin Netanjahu im Mai 1996 zum neuen Chef einer rechts-nationalen Regierungskoalition gewählt wurde – zum einen dank eines Wahlkampfs, der die Sicherheit Israels als oberste Priorität noch vor den Friedensprozess setzte und zum anderen aufgrund des Versprechens, den jüdischen Charakter des Staates zu stärken. Damit setzte sich Netanjahu von seiner Vorgängerregierung ab, die den Friedensprozess explizit damit verbunden hatte, die Identität Israels zu reformulieren, indem sie an das säkulare, liberale Erbe des Zionismus anknüpfte und den israelischen Staat zu einer international akzeptierten, modernen

[18] Johannsen, Margret: Der Nahost-Konflikt. Wiesbaden 2006. S. 39.

liberalen Demokratie umgestalten wollte.[19] Unter Netanjahu wurde das Tempo des Friedensprozesses massiv gedrosselt und zwischen den Parteien sank das Vertrauen auf einen neuen Tiefpunkt. Nach den gescheiterten Endstatus-Verhandlungen von Camp David und Taba im Jahr 2000 entlud sich die Frustration schließlich in einer Welle von Gewalt. Die zweite Intifada brachte Tod und Zerstörung auf beiden Seiten. Erst 2005 wurde sie mit einem Waffenstillstand beendet. Seither ist es nicht gelungen, die Friedensverhandlungen in einer Weise wiederaufzunehmen, die zu einer tragfähigen, dauerhaften Lösung führten könnte.

2. Protestbewegung und Teil der Staatsmacht: Was die Siedler erfolgreich machte

Trotz der schweren Krise der Bewegung in den 1990er Jahren, trotz Friedensprozess und internationaler Kritik – die ultra-nationalistischen religiösen Siedler halten heute schon in der zweiten und dritten Generation[20] hartnäckig an ihrem Siedlungsprojekt in den besetzten Gebieten fest. Ihr beeindruckender Erfolg, der sich nicht zuletzt daran zeigt, dass aktuell rund 330.000 Siedler im Westjordanland leben und weitere 200.000 in Ostjerusalem, ist vor allem ihrer Doppelstrategie als außerparlamentarische Protestbewegung *und* als Teil der israelischen Politik und des Verwaltungsapparats geschuldet.[21] Gerade zu Beginn der Bewegung, nach dem Krieg von 1967, stand der Nimbus der Protestbewegung im Vordergrund: Gegen das geltende Gesetz, ohne Autorisierung der Regierung und der Militärverwaltung gründeten die Siedler ihre Kommunen in den besetzten Gebieten. Die Siedler stilisierten sich selbst zu einer neuen Generation von Pionieren, bereit, dem zionistischen Projekt neues Leben einzuhauchen, das eroberte Land zu besiedeln und Israel an vorderster Front zu verteidigen. Seit diesen Anfängen hat es die Siedlerbewegung immer wieder geschafft, große Teile der israelischen Gesellschaft hinter sich zu bringen und für ihre Ziele zu mobilisieren: von den ersten Siedlungsversuchen bis hin zu den Massenprotesten gegen den Abzug aus Gaza im Jahr 2005. Doch damals wie heute bedeuten die Akzeptanz und Unterstützung der jüdischen Siedlerbewegung in der israelischen Gesellschaft nicht zwangsläufig, dass auch die radikale religiöse Ideologie der Siedler in Gänze übernommen würde. Vielmehr spiegelt sich darin wider, wie geschickt die jüdische Siedlerbewegung ihre eigenen, auf religiösen Überzeugungen wurzelnden Positionen an

Die Siedler stilisierten sich selbst zu einer neuen Generation von Pionieren.

[19] Barnett, Michael: »The Israeli Identity and the Peace Process.« In: Barnett, Michael/Telhami, Shibley (Hg.): Identity and Foreign Policy in the Middle East. Ithaka 2002. S. 58-87.

[20] Die sogenannte Hügel-Jugend (hilltop-youth), teils radikaler als ihre Eltern, ist für viele der illegalen Gründungen von Siedlungs-Vorposten (outposts) verantwortlich.

[21] Ich folge hier der Analyse von Newman: From Hitnachalut to Hitnatkut.

den Mehrheitsdiskurs anschließt. Dieser Mehrheitsdiskurs ist vor allem von einem Topos dominiert: der Sorge um die Sicherheit des Staates Israels und seiner Bürger. Asher Arian hat diesen Fokus auf die Sicherheit schon in den 1990er Jahre als israelische »Sicherheitsreligion« beschrieben. Der Katechismus dieser Religion, so Arian, sei das *People-Apart-Syndrome*, ein komplexes psychologisches Geflecht von Überzeugungen und Werten, welches die biblische Erzählung von der göttlichen Erwählung des Volkes Israel säkular-nationalistisch umdeutet und erweitert. Schon im 4. Buch Mose wird das auserwählte Volk als eine Nation beschrieben, die abgesondert wohnt und sich nicht zu den anderen Völkern rechnet.[22] Diese Selbstwahrnehmung sei bis in die Gegenwart prägend für die politische Kultur in Israel geblieben, so Arian. Israel sehe sich als Nation mit einzigartigen Herausforderungen und Chancen, auf sich allein gestellt, abgesondert und abgelehnt von der übrigen Welt, bedroht von seinen Nachbarn in der Region. In dieser Wahrnehmung wurzelt die Überzeugung, dass man sich nur auf sich selbst, auf die eigene militärische Stärke im Kampf gegen die Feinde verlassen kann. Doch auch die religiöse Komponente schwingt noch immer mit: Dass Gott bis in die Gegenwart zu seiner Erwählung steht und Israels Fels und Schutz ist. Diese Sicherheitsreligion, die schon in sich selbst Spuren der jüdischen religiösen Tradition trägt, bot der jüdischen Siedlerbewegung in den vergangenen Jahrzehnten reichliche Anknüpfungspunkte für ihre eigene, politisch radikalisierte Version der jüdischen Geschichte im heutigen Israel.[23] Sie präsentierte das Siedlungsprojekt als Garant für Israels Sicherheit, als notwendige Erweiterung der Verteidigungslinien für dieses kleine Land, dessen mangelnde strategische Tiefe es verwundbar und schwer zu verteidigen macht. Und sie tat dies in einer Sprache, die reich an kulturellen und religiösen Bezügen war, die in großen Teilen der jüdischen Gesellschaft Israels auf Resonanz stießen. Nicht zuletzt wussten die Siedler immer, die Medien sehr geschickt für sich zu nutzen; ihre großen Aktionen und Demonstrationen waren immer auch als große Medien-Events geplant.[24]

In den 1990er Jahren, als die Aussicht auf eine Friedenslösung viele Israelis skeptisch gegenüber den Siedlern stimmte, geriet der religiöse Zionismus zwar in eine tiefe Krise, doch auf lange Sicht trug die Arbeit der Protestbewegung auf den unterschiedlichsten Feldern des gesellschaftlichen Lebens ihre Früchte. Bemerkenswert ist beispielsweise, wie sich die Nationalreligiösen mit großer Energie in den staatlich-religiösen Zweig des dreigliedrigen israelischen Schulsystems[25] einbrachten.

---

[22] 4. Mose 23, V. 9.

[23] Arian, Asher: Security Threatened. Surveying Israeli Opinion on Peace and War. Cambridge, New York 1995. S. 164f.

[24] Zertal/Eldar: Lords of the Land. S. 221-224.

[25] In Israel gibt es einen ultraorthodoxen, einen staatlich-säkularen und einen staatlich-religiösen Schulzweig.

Viele Absolventen von *Thora*-Schulen, die nach 1967 in der Tradition von *Merkas HaRav* überall im Land – vor allem in den besetzten Gebieten – gegründet wurden, arbeiteten später als Lehrer in den staatlich-religiösen Schulen und brachten ihre Deutung des israelisch-palästinensischen Konflikts in Umlauf. Auch die Synagogen selbst sind zentrale Umschlagplätze für die religiös-zionistische Ideologie, die über Flugblätter und Propaganda verbreitet wird. Höchst erfolgreich sind auch die von Siedlern gegründete Radiostation *Arutz Sheva* und die dazugehörige Internetseite unter demselben Titel[26] sowie diverse Zeitschriften und Magazine aus dem national-religiösen Spektrum.

Ein zweiter wichtiger Einflussweg der Siedlerbewegung ist ihre direkte Einflussnahme auf die Institutionen des Staates Israel. Das hat sie in der Vergangenheit auf zweierlei Weise betrieben: einerseits, indem immer wieder prominente Siedler entweder als Abgeordnete von Parteien wie *Likud* oder *Kadima* in der *Knesset* vertreten waren oder eigene Parteien ins Rennen schickten. Die frühe Siedlerbewegung fand ihre erste politische Heimat in der Nationalreligiösen Partei, in deren Führungsgremien sie schon bald stark repräsentiert war und die sich unter ihrem Einfluss radikalisierte. Doch wie im israelischen Parteiensystem üblich, kam es auch im Bereich der religiös-zionistischen Parteien immer wieder zu Abspaltungen und neuen Zusammenschlüssen. Aktuell ist *Habayit Hayehudi* die größte Partei, die der Siedlerbewegung nahesteht; noch radikaler haben sich *Ozma L'Yisrael* und die Nationale Union im Wahlkampf präsentiert. In einem Parteiensystem, das durch starke Fragmentierung gekennzeichnet ist und in dem es keiner der größeren Parteien gelingt, allein eine Regierung zu bilden, nehmen diese kleinen ultra-nationalistischen Parteien als Koalitionspartner einen überproportional hohen Einfluss auf die Politik. Aus diesem Grund integrierte Jizchak Rabin erstmals in der israelischen Geschichte die religiösen Parteien nicht in seiner Koalition, um den Friedensprozess auf den Weg zu bringen.[27] Ehud Barak von der Arbeitspartei, der 1999 zum Ministerpräsident gewählt wurde, bekam hingegen die Schwierigkeiten einer breiten, die religiösen und ultra-nationalistischen Parteien umfassenden Koalition zu spüren. Kurz bevor er im Juli 2000 zu den Friedensverhandlungen mit Jasser Arafat in Camp David aufbrach, kündigten ihm diese Parteien die Regierungsmitarbeit auf – und Barak musste ohne parlamentarische Mehrheit in die Verhandlungen gehen.[28] Auch Benjamin Netanjahu stand im Frühjahr 2013 erneut vor der Schwierigkeit, eine tragfähige Koalition zu

[26] Siehe URL: http://www.israelnationalnews.com/ (19.02.2013).

[27] Bis auf die in den 1980er Jahren neu gegründete Schas-Partei, weil diese eine kompromissbereite Position im Hinblick auf die Territorialfrage vertrat. Aber auch Schas trat nach kurzer Zeit aus der Koalition aus.

[28] Dachs, Gisela: »Der Streit vor dem Friedensgipfel.« Tages-Anzeiger, Zürich, vom 11.07.2000.

schmieden und zwischen den vielen kleineren, sowohl ultraorthodoxen als auch nationalreligiösen Parteien Partner zu finden.

Doch die Siedlerbewegung hat nicht allein den Weg der Parteipolitik beschritten, um auf die Institutionen des Staates einzuwirken. Ihre »Penetration« des Staatsapparates[29] reicht noch tiefer. Ein Beispiel ist das Militär: Als ein Meilenstein für die Nationalreligiösen gilt die Einrichtung sogenannter *Hesder-Thora*-Schulen seit den 1970er Jahren, in denen die Rekruten ihren Armeedienst mit dem *Thora*-Studium verbinden können.[30] Als Folge drängten immer mehr ultra-nationalistische Religiöse in die Eliteeinheiten der Armee, was den Soziologen Uri Ben-Eliezer 1998 darüber spekulieren ließ, dass in Israel ein Militär-Coup aus diesem Milieu heraus durchaus denkbar wäre.[31] Auch die gegenwärtige Situation lässt Zweifel

Jüdische Siedler in Beit El bei Ramallah

[29]Haklai, Oded: »Religious-Nationalist Mobilization and State Penetration.« In: Comparative Political Studies, Bd. 40, Nr. 6/2007. S. 713-739.

[30]Die Ultraorthodoxen lehnen hingegen die Teilnahme am Wehrdienst ab, worüber derzeit ein heftiger Streit unter den Parteien herrscht, weil die nicht-religiösen Parteien die Gesetzeslage ändern wollen.

[31]Ben-Eliezer, Uri: »Is a Military Coup Possible in Israel? Israel and French-Algeria in Historical-Sociological Perspective.« In: Theory and Society, Bd. 27, Nr. 3/1998. S. 311-349.

daran aufkommen, ob die israelische Armee tatsächlich in der Lage wäre, beispielsweise eine Räumung von Siedlungen im Westjordanland gegenüber den dort eingesetzten Soldatinnen und Soldaten anzuordnen. Diverse Siedler-Milizen sind als lokale Verteidigungseinheiten in die israelische Armee integriert; darüber hinaus gibt es einen hohen Prozentsatz nationalreligiöser Siedler in den für Polizeiarbeit eingesetzten Bataillonen und anderen Kampfeinheiten.[32] Bereits während des Osloer Friedensprozesses hatten einflussreiche Siedler-Rabbiner dazu aufgerufen, den Befehl zu verweigern, sollte es zu Evakuierungen kommen; inzwischen ist die Zahl derer, die diesem Aufruf wahrscheinlich Folge leisten würden, um ein Vielfaches gestiegen. Darüber hinaus hat sich die Bewegung auch im weitverzweigten System von Behörden und Institutionen, die für die Verwaltung der besetzten Gebiete zuständig sind, positionieren können. Von dort aus beeinflussen die Siedler das Alltagsgeschäft der Verwaltung gemäß ihren ideologischen Überzeugungen und kanalisieren Geld und Ressourcen in die Siedlungen und ihre Infrastruktur.[33] Nicht einmal Talya Sason, eine vom damaligen Ministerpräsident Ariel Sharon beauftragte Staatsanwältin, die Licht in das Dunkel der Gründung und Genehmigung von illegalen Siedlungsvorposten bringen sollte, schaffte es, die notwendigen Informationen bei den betreffenden Behörden einzuholen. Sie kommt zu dem Schluss, dass der Motor, der die Gründung nicht-autorisierter Siedlungen vorantreibt, die regionalen Gremien von ideologisch motivierten Siedlern und Aktivisten sind, die mit den zuständigen bürokratischen Apparaten kooperieren.[34]

Der Einfluss, den die Siedlerbewegung auf den Verlauf der Auseinandersetzung mit den Palästinensern genommen hat, kann kaum hoch genug eingeschätzt werden. Die jüdischen Siedlungen im Westjordanland werden auf absehbare Zeit eine der größten Hürden auf dem Weg zu einer Verhandlungslösung bleiben. Längst hat das Siedlungsprojekt eine Eigendynamik entwickelt, die kaum mehr einzufangen ist. Nicht zuletzt wegen der Siedlungen wird in jüngster Zeit immer häufiger gewarnt, dass der *point of no return* für eine Zwei-Staaten-Lösung bald erreicht oder sogar schon überschritten sein könnte. Die Siedlungen und ihre Zugangsstraßen zerschneiden das Territorium, auf dem einmal ein palästinensischer Staat etabliert werden soll, in zusammenhanglose Frag-

---

[32] Levy, Yagil: »The Israeli Military: Imprisoned by the Religious Community.« In: Middle East Policy, Bd. 18, Nr. 2/2011. S. 67-83.

[33] Lein, Yehezkel/Weizman, Eyal: Land Grab. Israel's Settlement Policy in the West Bank. B'Tselem. The Israeli Information Center for Human Rights in the Occupied Territories. Jerusalem 2002.

[34] Sason, Talya: Summary of the Opinion Concerning Unauthorized Outposts. Jerusalem: Government of Israel, Prime Minister's Office, Communications Department 2005.

mente; ein Archipel inmitten des israelischen Meers.[35] Während der Abzug aus Gaza noch ohne größere Gewaltreaktionen der Siedler vor sich ging, zeigten die gewaltsamen Zusammenstöße zwischen Polizei und Siedlern bei der Räumung kleinerer Siedlungsvorposten im Westjordanland, dass der Widerstand gegen Evakuierungen in Judäa und Samaria, dem Kernland der biblischen Verheißungen, weit heftiger ausfallen würde.

[35] So stellt es eine eindrucksvolle Karte von StrangeMaps dar, die auf ZEIT online zu sehen ist: URL: http://blog.zeit.de/joerglau/2009/04/12/der-archipel-palastina_2249 (19.02.2013).

Siedlungen gefährden Israels Demokratie

VON MICHA BRUMLIK

Die einzige Demokratie im Nahen Osten? Das stimmt für die israelischen Bürger. Nicht aber für die Opfer der Siedlungspolitik. Palästina ist als Staat mit Beobachterstatus in die Vereinten Nationen aufgenommen worden – 138 Staaten haben den Antrag unterstützt, 41 sich enthalten, darunter Deutschland und Großbritannien, neun Länder stimmten dagegen, darunter die USA, Israel und Kanada. Es ist vor allem eine symbolische Aufwertung des Palästinenserstaates, es ist ein Zeichen dafür, dass sich die meisten Länder dieser Welt eine Zwei-Staaten-Lösung wünschen, bei der Israelis und Palästinenser friedlich nebeneinander leben können und keiner dem anderen das Lebensrecht abstreitet. Wie weit es bis zu diesem Ziel ist und wie wenig die Europäer dazu beitragen, belegt nun eine Denkschrift zahlreicher namhafter Hilfsorganisationen, an ihrer Spitze *Medico International*. Sie trägt den Titel: »Wie Europa zur Erhaltung illegaler israelischer Siedlungen beiträgt«. Das klingt provokant, doch diese Schrift belegt deprimierend detailliert, dass eine Zwei-Staaten-Lösung trotz der jetzt erfolgten internationalen Aufwertung Palästinas kaum noch eine Grundlage in der Sache hat.

Tatsächlich leben heute in dem 1967 von Israel eroberten Gebiet, Ostjerusalem eingeschlossen, eine halbe Million jüdische Israelis auf angeblich öffentlichen beziehungsweise vom Militär aus Sicherheitsgründen beanspruchten Flächen. Sie haben dort gebaut, sie arbeiten dort – warum sollten diese Menschen wieder zurück hinter die »grüne Linie« von 1967 ziehen, um einen Palästinenserstaat zu ermöglichen? In der Westbank gibt es mittlerweile zweihundert israelische Siedlungen, seit 2010 wurden dort 16.000 neue Wohneinheiten gebaut. 42 Prozent des Bodens und vor allem die Wasservorräte sind nun nicht mehr in palästinensischer, sondern in israelischer Hand. Ohnehin umfasst das Territorium der jetzt mit Beobachterstatus in die *UN* aufgenommenen palästinensischen Autonomiegebiete nur 18 Prozent des ohnehin kleinen Westjordanlandes. Das buntscheckige, von militärischen Sicherheitsgebieten, jüdischen Siedlungen und palästinensischen

Autonomiezonen durchzogene Territorium kann, politisch und geografisch gesehen, unter keinen Umständen mehr die räumliche Grundlage eines eigenen Staates im traditionellen Sinne bieten.

Welches ist aber dann das Staatsgebiet Israels? Und vor allem: Trifft es zu, dass Israel, wie es auch der deutsche Außenminister Guido Westerwelle immer wieder beteuert, die einzige Demokratie in der Region ist? Ja, Israel ist die einzige Demokratie in der Region, wenn man als einziges Kriterium für die Existenz einer Demokratie regelmäßige, freie und geheime Wahlen annimmt. Der Staat Israel ist in diesem Sinne zweifellos eine Demokratie – allerdings nur innerhalb der Grenzen von 1967. Dass dies aber auch für die im Sechstagekrieg besetzten Gebiete gilt, das bezweifeln mittlerweile selbst israelische Wissenschaftler und Publizisten. Die Bilanz der mehr als vierzigjährigen Besetzung des Westjordanlandes ist in allen Details überprüfbar und penibel aus den Quellen belegt – zum Beispiel in dem jüngst erschienenen Buch von Gershom Gorenberg, das jetzt mit dem vielleicht nicht ganz glücklichen Titel »Israel schafft sich ab« auch auf Deutsch erschienen ist.[1] Gorenberg ist als orthodoxer Jude und bekennender Zionist über jeden Verdacht erhaben, ein überkandidelter Linker, ein selbsthassender Jude oder gar ein jüdischer Antisemit zu sein. Seiner Analyse zufolge hat das mehr als vierzig Jahre währende Besatzungsregime Israels im Westjordanland dazu geführt, dass sich der Staat Israel von einer Demokratie zur »Ethnokratie« gewandelt hat. Diesen Begriff hat der israelische Geograf Oren Yiftachel geprägt.[2] Ethnokratie bedeutet für ihn: Eine Regierung, ein Regime betreibt die Expansion hegemonialer ethnischer Gruppen in zunächst anders besiedelte Territorien. »Ethnokratien« sind zunächst einmal nicht autoritär, es gibt Wahlen, Parteien, Gerichte, Bürgerrechte. Doch alle politischen Rechte der Bürger beruhen auf ihrem ethnischen Ursprung, sie begründen sich nicht damit, dass alle Menschen gleich und unveräußerliche Rechte haben. Auch Serbiens langjährige Herrschaft über Kosovo war in diesem Sinne ethnokratisch.

Vor diesem düsteren Panorama fordert Gorenberg nichts weniger als die »Neugründung Israels«. Das Land müsse den Siedlungsbau einstellen, die Besatzung beenden und einen friedlichen Weg finden, um das Land zwischen dem Jordan und dem Meer gerecht aufzuteilen. Darüber hinaus müsse es Staat und Synagoge trennen – den Staat also vom Klerikalismus befreien und auch die Religion vom Staat. Und schließlich müsse das Land grundsätzlich von einer ethnischen Bewegung zu einem demokratischen Staat heranreifen, in dem alle Bürger Gleichheit genießen. Für

[1] Gorenberg, Gershom: Israel schafft sich ab. Frankfurt/Main 2012.

[2] Yiftachel, Oren: Ethnocracy: Land and identity politics in Israel/Palestine. Philadelphia 2006.

Palästinensischer Straßenarbeiter in der israelischen Siedlung Ma'ale Adumim in der West Bank

viele Bürger Israels mag das revolutionär klingen, nach einem Verrat an den eigenen Sicherheitsinteressen. Dabei ist der Sozial- und Sprachphilosoph Martin Buber schon früh, vielleicht allzu früh, sehr viel weiter gegangen. Im Jahr 1947 plädierte Buber für ein »binationales Gemeinwesen mit möglichst abgegrenzten Siedlungsbezirken und zugleich mit möglichst weitgehender wirtschaftlicher Kooperation, mit vollkommener Gleichberechtigung beider Partner ohne Rücksicht auf die jeweilige zahlenmäßige Proportion, und mit einer auf diesen Voraussetzungen aufgebauten gemeinschaftlichen Souveränität«. Martin Buber hat sich in seinen Schriften intensiv mit den Propheten der hebräischen Bibel befasst, wollte aber selbst kein Prophet sein. Aus heutiger Sicht klingt, was er ein Jahr vor der Gründung des Staates Israel schrieb, wie eine ferne Utopie. Indes: So wenig Buber damals zu erkennen vermochte, dass seine Vorstellungen und Pläne angesichts der realen Lage im Mittleren Osten nicht umzusetzen waren, so sehr haben ihn die seit 1967 regierenden »Herren des Landes« nachträglich ins Recht gesetzt.

Manche Ideen erlangen ihre Wirklichkeit, die nach Hegel auch immer ihre Vernünftigkeit ist, erst nach längerer Zeit. Und nun scheint es, als ob sich, um noch einmal Georg Wilhelm Friedrich Hegel zu bemühen, die »List der Vernunft« der israelischen Rechten, zumal der Siedler, bedient hat. Ihre Siedlungspolitik hat eine

Zwei-Staaten-Lösung zur Illusion werden lassen. Sie hat nun genau das wahr und erstrebenswert werden lassen, was Martin Buber für das einzig Humane und Vernünftige in Israel-Palästina hielt: einen binationalen Staat. Ein solcher binationaler Staat ist kein utopisch-naiver Wunsch mehr. Er ist notwendig, wenn man all die nun vorgelegten Fakten berücksichtigt. Notwendig, wenn im Westjordanland nicht tatsächlich ein auf Dauer konfliktträchtiges Apartheidsregime etabliert werden soll.

Der Artikel »Israel – Eine Ethnokratie« von Michael Brumlik erschien am 03.12.2012 in der Süddeutschen Zeitung. Wir danken der Süddeutschen Zeitung für die freundliche Genehmigung des Nachdrucks.

Israels palästinensische Bürger

Status und Rolle einer separierten Bevölkerungsgruppe

VON AMAL JAMAL

1. Einleitung

Israel ist laut seinem Selbstverständnis ein jüdischer und demokratischer Staat. Und Israel ist ein Staat mit einer großen Gruppe arabischer Staatsangehöriger. Der folgende Beitrag stellt dieses Grunddilemma vor und benennt die wesentlichen Punkte, die sich aus dem Verhältnis zwischen Staat und Minderheit in Israel ergeben. Die vom israelischen Staat in den letzten beiden Jahrzehnten verfolgte Nationalisierungspolitik, so das darzulegende Ergebnis der Analyse, hat es an einer tiefergehenden Auseinandersetzung mit den grundlegenden nationalen Rechten der Palästinenser, insbesondere derer, die israelische Staatsbürger sind, mangeln lassen. Dieser Mangel liegt in der Zwei-Staaten-Lösung für den Konflikt zwischen Israelis und Palästinensern als auch in dem Selbstverständnis Israels als jüdischer und demokratischer Staat begründet. Die Ausgrenzungs- und Segregationspolitik gegenüber den arabisch-palästinensischen Staatsbürgern Israels und die Fortführung der Siedlungspolitik in den besetzten palästinensischen Gebieten lassen die Schlussfolgerung zu, Israel unterscheide nicht zwischen Bürgern und Nichtbürgern, wenn es sich dabei um Palästinenser und Juden handelt. Erstere sehen sich einer Politik der Ausgrenzung und Repression gegenüber; Letztere bilden einen festen Bestandteil der nationalen Sicherheitsdoktrin. Diese These kann aus der Analyse der Entwicklungen der israelisch-palästinensischen Beziehungen in den letzten zwei Jahrzehnten gezogen werden. Es lässt sich argumentieren, dass die Politik der israelischen Regierungen seit der Ermordung von Ministerpräsident Jitzchak Rabin im Jahr 1995 zu einer neuen Realität geführt hat, in der den Versuchen, das Leben der Juden zu normalisieren, die Fragmentierung des Lebens der Palästinenser gegenübersteht.

2. Staatsbürgerschaft als Kontrollmechanismus

Nach dem Krieg 1948/49 blieben 175.000 Palästinenser in dem neu gegründeten Staat Israel; heute leben rund 1.250.000 palästinensische Bürger in Israel. Der jüdische Staat Israel hat die Grundsätze seiner Politik gegenüber den Palästinensern schon bei der Staatsgründung klar formuliert. Zum Ausdruck kamen diese Grundsätze in offiziellen Staatsdokumenten, insbesondere der Unabhängigkeitserklärung,[1] und in öffentlichen Äußerungen israelischer Politiker. Gleiches gilt für strategische Pläne, wie beispielsweise den *Israel King Plan* aus dem Jahr 1972 und in Folge den *National Priorities Plan*, nach denen arabische Dörfer und Städte weitgehend von staatlichen Investitionsprogrammen ausgeschlossen wurden und deren Prioritätensetzung an den tatsächlichen Bedürfnissen der arabisch-palästinensischen Gemeinschaft vorbeigingen.[2]

Die Staatspolitik dieser Zeit wird durch die Einsetzung einer Militärregierung in den arabischen Gebieten bis 1966 bestens veranschaulicht. Ihre Auflösung führte keineswegs zu einer grundlegenden Änderung der offiziellen Politik. Deren Ziel war und ist es, den Staat mit seinen Einrichtungen als jüdischen Staat zu legitimieren und den palästinensischen Staatsbürgern »korrekte« Verhaltens- und Glaubensmuster zu zeigen, die die neue Realität respektieren.[3] So erwartete der Staat von der palästinensischen Minderheit deren sukzessive Loslösung vom Rest des palästinensischen Volkes, die Anerkennung der offiziellen Definition als »israelische Araber« sowie der durch ihre selektive israelische Staatsbürgerschaft gesetzten Grenzen.[4] Um die Erfüllung dieser Erwartungen voranzutreiben, entwickelte der Staat Bildungs- und Disziplinierungsmaßnahmen mit dem Ziel, ein neues kollektives Selbstverständnis der Minderheit zu schaffen.[5] Die »israelischen Araber« sollten sich auf Basis ihrer israelischen Staatsbürgerschaft begreifen, als habe ihre Geschichte als soziale Gruppe mit der Gründung des Staates Israel ihren Anfang genommen. Eine Politik der Angst sowie Disziplinierungsmaßnahmen stellten die wesentlichen Mechanismen dar, einen Prozess der Resozialisation im offiziellen Bildungssystem zu unterstützen, das seit jeher voll und ganz der Leitung jüdischer Pädagogen unterstellt ist.

---

[1] URL: http://www.mfa.gov.il/mfa/foreignpolicy/peace/guide/pages/declaration%20of%20establishment%20of%20state%20of%20israel.aspx (12.06.2013).

[2] Sa'di, Ahmad: »The Koenig Report and Israeli Policy Towards the Palestinian Minority, 1965-1975: Old Wine in New Bottles.« In: Arab Studies Quarterly, 25 (3)2003. S. 1-5. URL: http://cosmos.ucc.ie/cs1064/jabowen/IPSC/articles/article0044091.pdf (20.02.2013); http://www.pmo.gov.il/about/Projects/Documents/din020212.pdf (20.02.2013).

[3] Lustick, Ian: Arabs in the Jewish State: Israel's Control of a National Minority. Austin 1980; Cohen, Hillel: Good Arabs: The Israeli Security Agencies and the Israeli Arabs, 1948-1967. Berkeley 2010.

[4] Jamal, Amal: »Nationalizing States and the Constitution of ›Hollow Citizenship‹: Israel and its Palestinian Citizens.« In: Ethnopolitics, 6 (4) November 2007. S. 471-493.

[5] Al-Haj, Majid: Education, Empowerment and Control: The Case of Arabs in Israel. Albany 1995.

Staatsbürgerschaft wurde hier vom Staat als ein »Kontrollmechanismus« etabliert, dessen grundlegende Merkmale Loyalität und Patriotismus sind. So waren die arabischen Staatsbürger aufgerufen, ihre Loyalität zum Staat Israel durch ihr Wahlverhalten (das heißt die Wahl der dominierenden zionistischen *Mapai*-Partei) sowie das Feiern des israelischen Unabhängigkeitstages unter Beweis zu stellen. Eine nationale palästinensische Stimme, wie bei einigen politischen Führungspersönlichkeiten der Fall[6], war nicht erwünscht; mögliche Forderungen sollten, wenn überhaupt, nicht-politischer Natur sein und sich auf alltägliche Belange beschränken. Aus diesem Verständnis heraus gab es Mitte der 1950er Jahre Ansätze, arabische Staatsbürger zum Militärdienst einzuberufen. Letztlich wurde der Militärdienst für arabische Staatsbürger vom Staat nicht eingeführt, gleichwohl aber als Legitimation benutzt, arabische Bürger zu diskriminieren, die aus israelisch strategischen Gründen vom Militärdienst ausgeschlossen waren.

Aufgrund dieser Definition von Staatsbürgerschaft waren die Bürger nicht gegen vehemente Eingriffe oder Einmischung durch staatliche Stellen in materielle und symbolische Ressourcen der arabischen Gemeinschaft geschützt: Eine Beschäftigung mit der palästinensischen Vergangenheit oder Sympathien mit der palästinensischen Sache, insbesondere im Hinblick auf das historische Unrecht und die schlimme Realität der Vertreibung, wurden von den Behörden als ernsthafte Bedrohung der Sicherheit sowie als Verrat an den Verpflichtungen dargestellt, die eine Staatsbürgerschaft mit sich bringt. Die staatlichen Akteure konstruierten die israelisch-arabische Identität als zwingenden Bezugsrahmen, in dem die rechtliche Zugehörigkeit zum israelischen Staat allein bestimmend für das Weltbild der arabischen Minderheit sein sollte.

Diese Auffassung von Staatsbürgerschaft war selektiv. Sie hatte zur Folge, dass die palästinensische Minderheit als Gemeinschaft zweiter Klasse innerhalb des jüdischen Nationalstaats und nicht als wesentlicher Teil des palästinensischen Volkes etabliert wurde. Diese Orientierung erforderte nicht nur die Akzeptanz sowohl der formalen Definition des Staates Israel als Staat des jüdischen Volkes als auch der materiellen Überlegenheit der jüdischen Mehrheit, sondern erzwang auch Anpassung an die symbolische Ordnung des jüdischen Staates. Man erwartete von der arabisch-palästinensischen Minderheit, dass sie den Prioritäten des Staates im Rahmen der Aufnahme einer wachsenden Zahl jüdischer Immigranten sowie bei der Verteilung von Ressourcen für Wohnungsbau, Siedlungsplanung, Entwicklung,

---

[6] Beumel, Yair: Blue White Shadow: Policies and Activities of the Israeli Regime among Arab Citizens: The Formative Years 1958-1968. Haifa 2007.

Bildung zustimmte. Der Staat betrachtete diese Gewichtungen sowohl als natürlich wie auch als notwendig, um seinem Charakter als Nationalstaat des jüdischen Volkes gerecht zu werden. Die arabisch-palästinensische Minderheit, als indigene Bewohner des Landes, hatte die materiellen und symbolischen Prioritäten des Staates zu akzeptieren und sich entsprechend zu verhalten. Zur Überprüfung wurde ein ausgefeiltes System eingerichtet, in dem zwischen sogenannten »guten Arabern«, »positiven Arabern« und »ruhigen Arabern« unterschieden wurde; ein System, das in verschiedenen Formen bis zum heutigen Tag Bestand hat.[7]

Ein fest verankerter Disziplinierungsmechanismus des Staates zielt darauf ab, die Zustimmung der arabisch-palästinensischen Minderheit zum ethnisch-mehrheitsbezogenen politischen Spiel sicherzustellen. Die israelische Regierungsform wird bis heute offiziell als demokratisch bezeichnet, ungeachtet der Tatsache, dass die arabisch-palästinensische Minderheit bis 1966 unter einer Militärregierung lebte und ihr bis heute eine reale und effektive Beteiligung am politischen Prozess versagt bleibt.[8] Trotz allem erwartete man von der Minderheit, den demokratischen Spielregeln Folge zu leisten und die auf Basis des Mehrheitsrechts beschlossene Politik zu akzeptieren. Dass die Mehrheit automatisch gegeben sowie ethnisch begründet war und ihr Bestehen durch demografische Eingriffe sicherte, wurde nicht zum Thema der politischen Agenda gemacht. Die demokratischen Prozesse von Mehrheitsentscheidungen sind – wie in tief gespalteten Gesellschaften nicht anders zu erwarten – in eine Herrschaft der ethnischen Mehrheit überführt worden, die der Minderheit jeglichen spürbaren Einfluss auf die Politik, insbesondere bei Themen des eigenen Wohls und Interesses, nimmt. Entgegen dem behaupteten Anspruch eines Liberalisierungs- und Demokratisierungsprozesses ist dieses Politikschema in den letzten zehn Jahren sogar noch verschärft worden und hat schließlich dazu geführt, dass der Staatsbürgerschaft arabischer Palästinenser keine nennenswerte Bedeutung mehr zukommt.[9] Der Ethos einer wehrhaften Demokratie wurde zur Rechtfertigung solcher Politiken manipulativ genutzt, obwohl die jüdische Mehrheit in Israel die uneingeschränkte Macht über staatliche Mechanismen sowie die automatische Mehrheit besitzt, mit Hilfe derer jegliche Beschlüsse im eigenen Interesse verabschiedet werden können.[10] Der Mechanismus der wehrhaften Demokratie – also der Schutz der Demokratie gegen ihre »internen Feinde« – bleibt eine der führenden

[7] Jamal, Amal: »Manufacturing ›Quiet Arabs‹ in Israel: Ethnicity, Media Frames and Soft Power.« In: Government and Opposition 2012. S. 1-20; Jamal, Amal: Arab Minority Nationalism in Israel: The Politics of Indigeneity. London 2011; Lustick: Arabs in the Jewish State: Israel's Control of a National Minority.

[8] Peled, Yoav/Navot, Doron: »Ethnic Democracy Revisited: On the State of Democracy in the Jewish State.« In: Israel Studies Forum, 20 (1)2005. S. 3-27.

[9] Peleg, Ilan/Wazman, Dov: Israel's Palestinians. Cambridge 2011.

[10] Pedahzur, Ami. The Israeli Defending Democracy. Tel Aviv/Carmel 2004.

Theorien der »Gouvernementalität«,[11] die das Mehrheitssystem nutzt, um der arabisch-palästinensischen Gemeinschaft die Teilnahme am politischen Leben sowie den gleichen Anteil an öffentlichen Ressourcen verwehren zu können.

Ein weiteres wichtiges Element der staatlichen Disziplinierungspolitik besteht darin, die Haltung und das Handeln der arabisch-palästinensischen Bürger im israelisch-palästinensischen Konflikt bestimmen zu wollen. Ihre israelische Staatsbürgerschaft, so die Erwartungshaltung der Regierung, muss ihr politisches Handeln im Konflikt ebenso bestimmen,[12] wie ihre geforderte neutrale Haltung gegenüber den nationalen Bestrebungen des palästinensischen Volkes. Derartige Äußerungen gibt es vielfach von israelischen Führungspersönlichkeiten. Sie verweisen darauf, dass die nationalen Rechte der Palästinenser, einschließlich derer in Israel, in einem palästinensischen Staat in der Westbank und dem Gazastreifen verwirklicht werden, ungeachtet der Tatsache, dass ein solcher Staat bislang noch gar nicht existiert. Von den arabisch-palästinensischen Bürgern Israels wird erwartet, ihre nationale, soziale und kulturelle Verbundenheit mit ihren Brüdern und Schwestern aufzugeben, während zugleich der israelische Staat darum bemüht ist, die Beziehungen zwischen der jüdischen Mehrheit in Israel und dem übrigen jüdischen Volk auf der ganzen Welt zu vertiefen. Höchste Anstrengungen und Investitionen werden unternommen, um Juden aus Amerika und Europa für eine längere Zeit in Israel zu beherbergen, damit sie durch Programme wie »*Taglit* – Geburtsrecht Israel« (*Taglit* ist hebräisch für Entdeckung) und *Masa* (hebräisch für Reise) mit der zionistischen Ideologie und Zielsetzung vertrauter werden.[13]

Diese grundlegenden Erwartungen des Staates wurden in politische Leitlinien übertragen, die darauf abzielen, diese in die Realität umzusetzen. Solche politischen Vorgaben wurden für verschiedene Bereiche entwickelt und entweder über das Büro des Ministerpräsidenten durch den Berater für arabische Angelegenheiten oder über den zuständigen Minister für arabische Angelegenheiten in der israelischen Regierung koordiniert. Die Kontrollpolitik gegenüber der Minderheit steht im Fokus zahlreicher Studien über die Beziehungen zwischen Staat und Minderheit

---

[11] Gouvernementalität ist ein Begriff in den Sozial- und Geschichtswissenschaften, der auf den französischen Gesellschaftstheoretiker Michel Foucault zurückgeht. Gouvernementalität umfasst ein ganzes Bündel von Erscheinungsformen neuzeitlicher Regierung, die das Verhalten von Individuen und Kollektiven steuern. Siehe dazu: Foucault, Michel: »Die Gouvernementalität.« In: Bröckling, Ulrich/Krasmann, Susanne/Lemke, Thomas (Hg.): Gouvernementalität der Gegenwart. Studien zur Ökonomisierung des Sozialen. Aus dem Französischen von Hans-Dieter Gondek. Frankfurt am Main 2000. S. 41-67 [1978].

[12] Shafir, Gershon/Peled, Yoav: Being Israeli: The Dynamics of Multiple Citizenship. Cambridge 2002.

[13] Für weitere Informationen zu beiden Programmen siehe: URL: http://www.birthrightisrael.com/Pages/Default.aspx; http://www.masaisrael.org/ (13.06.2013).

in Israel.[14] Diese Studien leisteten einen erheblichen Beitrag dazu, die auf Kontrolle gerichtete Mikropolitik des israelischen Staates sowie ihre angewandten Mechanismen zur Durchdringung der Gesellschaft und ihrer sozialen Formierung besser zu verstehen. Daneben darf jedoch die zweite Dimension der Kontrolle, nämlich die der Vernachlässigung, nicht vergessen werden. Diese hat sich über Jahre hinweg in einer auf Verzögerung oder Zersetzung gerichteten Entwicklungspolitik gezeigt und vervollständigt das Bild der seit 1948 bis zum heutigen Tag verfolgten israelischen Politik gegenüber der arabisch-palästinensischen Minderheit.

Eine der wichtigsten Leitlinien war die wirtschaftliche Abhängigkeit der arabisch-palästinensischen Minderheit von staatlichen Einrichtungen und vom jüdischen Markt. Gleichzeitig wurde ein jüdisch-nationaler, materieller und symbolischer Raum etabliert, der sich in der Landverteilung und Bodenpolitik des Staates zeigte, aus der die Araber ausgeschlossen waren.[15] Diese Politik bedeutete die Enteignung der Araber von privatem Agrarland (für die meisten Familien die Haupteinnahmequelle), während eine exklusiv israelisch-jüdische Bodenpolitik mit ihren materiellen und symbolischen Dimensionen etabliert wurde. Dies war und ist bis heute die vorherrschende, mit verschiedenen rechtlichen und administrativen Mitteln gestützte Politik. Sie zeigt sich auch in den jüngsten Änderungen der Gesetze zur Regelung neuer Mitgliedschaften in Gemeindewohnungen sowie der Inkraftsetzung des Zulassungsausschuss-Gesetzes.[16]

Eine weitere wichtige Leitlinie war die nur geringe Entwicklung beziehungsweise die Vernachlässigung arabischer Städte und Dörfer. Staatliche Investitionen in die arabische Gesellschaft erfolgten nur sehr begrenzt und in keiner Weise vergleichbar mit denen in die jüdische Gesellschaft.[17] Die Regierung nutzte die offizielle Zuteilung von Ressourcen, um Loyalitäts- und Patronagebeziehungen zu lokalen politischen Kräften zu nähren. In arabischen Städten und Dörfern wurden keinerlei industrielle Infrastrukturen entwickelt.[18] Diese Politik hatte zum Ziel, die arabische Gesellschaft zunehmend zu proletarisieren und sie von der jüdischen wirtschaftlichen Infrastruktur abhängig zu machen. Die bis heute praktizierte Politik machte aus Ara-

[14] Lustick: Arabs in the Jewish State: Israel's Control of a National Minority; Cohen: Good Arabs: The Israeli Security Agencies and the Israeli Arabs, 1948-1967; Rabinowitz, Dan: »The Palestinian Citizens of Israel, the Concept of Trapped Minority and the Discourse of Transnationalism in Anthropology.« In: Ethnic and Racial Studies, 24 (1)2001. S. 64-85.

[15] Lewin-Epstein, Noah/Semyonov, Moshe: The Arab Minority in Israel's Economy. Boulder 1993.

[16] URL: http://www.adalah.org/eng/?mod=db&dld_page=law&slg=admissions-committees-law-law-to-amend-the- cooperative-societies-ordinance-no-8 (12.06.2013).

[17] Haider, Aziz: On the Margins: The Arab Population in the Israeli Economy. London 1995.

[18] Diese Politik ist in einem offiziellen Forschungsbericht des Informationszentrums der Knesset dokumentiert. Nähere Angaben unter: URL: http://www.knesset.gov.il/mmm/data/pdf/m00878.pdf (20.02.2013).

bern billige Arbeitskräfte, zum Wohl der von jüdischen Unternehmern bestimmten Prioritäten und Interessen. Ferner intendierte die Politik der Landenteignung auch, geografische Gebiete unter arabischer Kontrolle einzugrenzen. So wurden Bezirke unter der Rechtsprechung arabischer Kommunalverwaltungen auf ein Minimum begrenzt, wodurch eine Entwicklung nur eingeschränkt möglich gemacht und die Gettoisierung arabischer Städte beschleunigt wurde.[19] Die nationale Planungspolitik für die Einteilung der Regionen sowie umfangreiche ausschließlich jüdische Siedlungsprogramme haben aus der Mehrzahl der arabischen Städte Inseln innerhalb geografischer Räume gemacht, welche der Kontrolle jüdischer Stadtverwaltungen oder mehrheitlich jüdisch besetzter Regionalverwaltungen unterstellt sind.

Zwei Interessen werden mit dieser Politik verfolgt:

1) Um einer »Judaisierung« des Landes willen werden jüdische Bürger aus dem Landesinneren bei einer Emigration in die Regionen Galiläa und Negev ebenso unterstützt wie bei der Gründung jüdischer Städte und kommunaler Siedlungen mit einem hohen Lebensstandard.[20] Der von der Regierung geförderte *National Priority Areas Plan* unterstreicht die Zielsetzungen des Staates, in welchen arabische Städte keine nennenswerte Rolle spielen.[21] Neben massiven Investitionen seitens der Regierung in die Infrastruktur sind Erleichterungen beim Grundstückserwerb für den Wohnungsbau, Steuerermäßigungen bis zu 68 Prozent bei Grundstückskäufen und weitere Entlastungen bei der Einkommensteuer sowie anderen Abgaben eingeschlossen.

2) Die jüdische Kontrolle über sämtliche Verbindungswege zwischen den arabischen Städten soll sichergestellt werden. Die Siedlungs- und Straßenpläne in Galiläa zum Beispiel illustrieren anschaulich, dass es keine direkten Verbindungen zwischen den arabischen Städten gibt. Vielmehr laufen die Straßen um diese Städte herum, die wie Inseln innerhalb eines ausgeklügelten Netzes von Verkehrswegen liegen. Sieht man sich dann die Siedlungspläne an, lässt sich der Eindruck nicht

---

[19] Haider, Aziz: The Collaps of Arab Local Authorities: Suggestions for Reconstruction. Van Leer Institute. Jerusalem 2010; Khamaisi, Rasem: Towards Expanding the Judicial Control Areas of Arab Towns in Israel. Florsheimer Institute for Policy Studies. Jerusalem 2002; Jamal, Amal: »On the Burdens if Racialized Time.« In: Shenhav, Yehuda/Yona, Yossi (Hg.): Racism in Israel. Hakibutz Hameuchad and van Leer Institute. Jerusalem 2002. S. 348-380.

[20] Tzfadia, Erez: »Are we Really Separating? The Military and Society in Face of Spatial Ideology and Practice.« In: Shefer, Gabi/Barak, Oren/Amiran, Oren (Hg.): An Army that Has a State? Jerusalem/Carmel 2008. S. 45-66.

[21] Zur einer Entscheidung des Obersten Gerichtshofs Israels zum »National Priority Areas Plan« siehe: URL: http://www.adalah.org/eng/?mod=db&dld_page=law&slg=national-priority-areas-the-economic-efficiency-law-legislative-amendments-for-implementing-the-economic-plan-for-2009-2010 (13.06.2013).

verwehren, dass es einen Masterplan hinter diesen Strukturen gibt. Unter dem Aspekt der Sicherheitsfrage lässt sich vermuten, es gehe darum, dicht von Arabern besiedelte Gebiete, wie Galiläa und Negev, auseinanderzuentwickeln und zu zerstückeln.

Der Staat hat somit eine Tradition der diskriminierenden Politik der Ressourcenallokation an arabische Kommunalverwaltungen sowie Bildungs- und Wohlfahrtseinrichtungen etabliert. Die Mehrzahl der Minister in den vergangenen zwei Jahrzehnten hat die ungerechte Verteilung von staatlichen Mitteln an die Araber zugegeben. Auch der Oberste Gerichtshof Israels hat eingestanden, dass die staatliche Allokationspolitik die Bedürfnisse der Araber ausgegrenzt und eine ungerechte Zuteilung von Ressourcen an arabische Kommunalbehörden und andere Institutionen verfolgt hat.[22] Nicht zuletzt hat die offizielle, von der Barak-Regierung eingesetzte »Or-Kommission« zur Untersuchung der Ereignisse im Oktober 2000 die regelrecht institutionalisierte Diskriminierung der Araber bei der staatlichen Ressourcenverteilung aufgezeigt.[23] Auch wenn nicht eingestanden wurde, dass solche Diskriminierungen aus Gründen der ethnischen Zugehörigkeit erfolgten, lässt sich die – sogar im »Or-Bericht« eingeräumte – Tatsache nicht ignorieren, dass eine solch strukturierte Diskriminierung angewandte Standardpolitik war. Die Diskriminierung in der Verteilung staatlicher Ressourcen stellt eine tradierte und noch heute beabsichtigte Politik dar. Sie lässt sich nicht als Ergebnis administrativer Fehlberechnungen oder als technische Abweichung von formalen Standards erklären. Es gehört zum Ziel der etablierten Politik der Diskriminierung arabischer Institutionen, die Kluft zwischen einer modernen jüdischen und einer unterentwickelten sowie vernachlässigten arabischen Gesellschaft aufrechtzuerhalten. Der israelische Staat unterdrückt somit auf mehreren Ebenen sämtliche Versuche, eine effektive, die gesamte arabische Nation umfassende eigene Führung zu etablieren. Daneben unterbindet er alle Bemühungen, die Staatspolitik öffentlich zu kritisieren. So hat der Staat für die Kooptation von Führern der arabischen Minderheit und zersplitterter politischer Kräfte umfangreiche Anstrengungen unternommen und Ressourcen investiert, um so eine koordinierte, nationale politische Mobilisierung zu verhindern. Er hat zum Beispiel das Folgekomitee der *Arabischen Liga* zu keiner Zeit anerkannt, obwohl es sich um eine politische Instanz handelt, die sämtliche

Die Diskriminierung in der Verteilung staatlicher Ressourcen stellt eine tradierte und noch heute beabsichtigte Politik dar.

[22] Saban, Ilan: »The Arab-Palestinian Minority and the Supreme Court: A Portrayal (and Prognosis) not in Black and White.« In: Mishpat U'Mimshal, 8/2005. S. 23-47.

[23] Bericht der Or-Kommission, Justizministerium, Jerusalem 2003. URL: http://elyon1.court.gov.il/heb/veadot/or/inside_index.htm (20.02.2013).

politischen Parteien und Vertreter aller größeren arabischen Einrichtungen und Bewegungen umfasst. Wenn politische und religiöse Führer von den erwarteten und akzeptierten Verhaltensmustern »abwichen«, trat man ihnen mit juristischen Mitteln entgegen.

Die Mehrheit der arabisch-palästinensischen Bevölkerung nimmt noch immer an den Wahlen zur *Knesset* teil und betrachtet die Teilnahme politischer Parteien an der parlamentarischen Politikgestaltung als normal. Gleichwohl versuchen die dominierenden jüdisch-zionistischen Parteien kontinuierlich, den Spielraum für arabische Parteien einzuengen und immer neue Einschränkungen für deren politische Beteiligung durchzusetzen (so zum Beispiel durch die Disqualifizierung arabischer Parteien, um deren Teilnahme an den Wahlen zu verhindern[24]). Das Mehrheitsprinzip ist zu einem effektiven Instrument geworden, Gesetze zu verhängen, welche die Grundrechte der Minderheit einschränken. Mehrheitsentscheidungen wurden so zum Machtinstrument der Mehrheit. Die Tatsache, dass arabisch-palästinensische Parteien nie in eine der Regierungskoalitionen integriert wurden und ihre Teilnahme an ausschlaggebenden nationalen Entscheidungsfindungen als unzulässig oder gar als Akt des Verrats betrachtet wurde (wie im Fall der Zustimmung zum Oslo-Abkommen 1994), ist ein wichtiges Indiz dafür, dass die Teilnahme der Araber am politischen System Israels immer mehr einem Feigenblatt gleicht.

Der Staat protegierte moderate Führer[25] und unterdrückte diejenigen, die von ihm als Dissidenten eingestuft wurden. Gemäßigte Führer wurden ermutigt, kollektive Energien in formale oder semiformale Foren wie die *Knesset*-Wahlen und nichtstaatliche Bürgerinitiativen zu lenken. Öffentliche Mobilisierung oder Volksbewegungen hingegen wurden unmittelbar durch die staatliche Propagandamaschine delegitimiert, und vor allem durch die Arbeit der hebräischen Medien sowie die zahlreicher Informanten innerhalb der arabischen Gesellschaft selbst untergraben.[26] Wenn solche Gegenanstrengungen nicht erfolgreich waren, wurde zu anderen Mitteln gegriffen, wie der Rechtsverfolgung im Fall vieler arabischer Mitglieder der *Knesset* sowie politischer Führer der *Islamischen Bewegung*. Diese Vorgehensweise wurde in jüngerer Zeit vermehrt auch auf die Führer ziviler Organisationen angewandt, die man als »radikal« darstellte.[27]

[24] Kremnitzer Mordechai: Disqualification of Lists. Israeli Democracy Institute. Jerusalem 2005.

[25] In den mit der zionistischen Mapai, der führenden Partei Israels zwischen 1948 und 1977, verbundenen arabischen Listen waren sämtliche politische Führer vom Staat kooptierte Moderate.

[26] Yu, Wang/Cohen, Hillel: »Marketing Israel to the Arabs: The Rise and Fall of the al-Anba'a Newspaper.« In: Israel Affairs, 15 (2)2009. S. 190-210.

[27] So wurde der Vorstandsvorsitzende von Itijah, Amil Makhoul, zu neun Jahren Gefängnis verurteilt.

3. Erwartungen und Verhalten der Minderheit

Mit Blick auf den Gesamtzusammenhang könnte man nun argumentieren, dass die israelische Politik gegenüber den Palästinensern im Allgemeinen sowie den palästinensischen Bürgern des Staates im Besonderen zu vermehrten Versuchen geführt habe, die Debatte über die Folgen des Kriegs von 1948 und die palästinensische *Nakba* (Katastrophe) erneut aufzunehmen und dabei vor allem die äußere und innere Bindung an die Heimat sowie die Rechte der Palästinenser über das Land und dessen materiellen wie auch symbolischen Wert zu diskutieren. Demnach hätten die Israelis ihren Standpunkt aufgegeben, im Konflikt zwischen Israelis und Palästinensern gehe es um die Folgen des Kriegs von 1967 und das Recht der Palästinenser auf einen eigenen Staat. Man muss jedoch wissen, dass der israelische Staat in den letzten Jahrzehnten versucht hat, das Palästinenserproblem entweder komplett zu übergehen oder es allein auf die Folgen des Krieges von 1967 zurückzuführen. Während der 1950er und 1960er Jahre betrachtete Israel die Thematik als humanitäre Flüchtlingsfrage, die von der Völkergemeinschaft und den arabischen Staaten gelöst werden müsse. Seit den 1970er Jahren jedoch hat Israel nach und nach akzeptiert, dass die nationalen Ambitionen der Palästinenser einer Antwort bedürfen.

Allerdings betrachtet Israel die Palästinenser nach wie vor als zersplittertes und eben nicht als ein geschlossenes Volk mit Recht auf eine umfassende Lösung. Die Frage einer palästinensischen Staatsgründung wurde ausschließlich mit den in der Westbank, im Gazastreifen und im Exil lebenden palästinensischen Gemeinschaften in Zusammenhang gebracht. Durch die offizielle Betrachtung der in Israel lebenden Palästinenser als israelische Staatsbürger sah man diese nicht von der Frage nationaler Unabhängigkeit betroffen. Ihren Forderungen begegnete man unter rein staatsbürgerlichen, dem autonomen Entscheidungsprozess Israels unterworfenen Aspekten. Tatsächlich jedoch bemüht sich die palästinensische Gemeinschaft in Israel derzeit um eine zentralere Rolle im israelisch-palästinensischen Kräfteverhältnis. Sie lotet dabei eine Reihe von Veränderungen aus, die sich in der arabisch-palästinensischen Politik in Israel vollziehen, und investiert erhebliche materielle und symbolische Ressourcen, um gegen Versuche anzugehen, sie noch stärker aus möglichen künftigen Lösungen für den Konflikt auszugrenzen. Im Zentrum ihrer Politik steht es, Themen wie die Flüchtlingsthematik sowie die Land- und Identitätsfrage des israelischen Staates erneut bewusst zu machen. Hierbei handelt es sich um heftig umstrittene Themen, die weit über die zwischen der israelischen Regierung und der palästinensischen Behörde verhandelten Kernthemen hinausge-

Palästinensischer Aktivist in Hebron

hen.[28] Dabei stehen diese angestrebten Veränderungen in einer negativ dialektischen Beziehung zum zionistischen Charakter des jüdischen Staates und seiner Politik, ohne jedoch den Staat Israel als solchen zu untergraben. Durch den exklusiv ethnischen Charakter des israelischen Staates sind die palästinensischen Bürger Israels gezwungen, ihre Bestrebungen neu zu formulieren und die mit der *Nakba* des Volkes zusammenhängenden Fragen neu zu erörtern. Israel hingegen versucht, seine palästinensischen Bürger zu marginalisieren und die schon systemische Zersplitterung des palästinensischen Volkes in verschiedene, voneinander getrennte Gemeinschaften voranzutreiben. Die Veränderungen im politischen Denken und Verhalten der palästinensischen Gemeinschaft in Israel zeigen jedoch, dass die israelische Politik der Zersplitterung und Unterdrückung noch nicht vollständig gelungen ist. Die palästinensischen Bürger stellen den Staat vor neue Herausforderungen, was wiederum zu einer neuen Unterdrückungspolitik mit dem Ziel führt, den staatsbürgerschaftlichen Status der palästinensischen Gemeinschaft zu untergraben.[29]

[28] Jamal Amal: »Strategies of Minority Struggle for Equality in Ethnic States: Arab Politics in Israel.« In: Citizenship Studies, 11 (3)/2007. S. 263-282.

[29] Hakali, Oded: Arab Ethnonationalism in Israel. Philadelphia 2011.

Eines der wichtigsten neu zu ordnenden Themen mit großen Auswirkungen auf die Beziehungen zwischen Staat und Minderheit in Israel ist die Tatsache, dass die Araber – dem Beispiel anderer indigener Minderheiten in verschiedenen Ländern folgend – als Minderheit in ihrer Heimat echte kollektive Rechte als indigenes Volk verlangen. Dies ergänzt die traditionellen Bemühungen um gleiche individuelle Bürgerrechte. Im Geist der politischen und rechtlichen Veränderungen bei verschiedenen nationalen Minderheiten weltweit ordnen palästinensische Intellektuelle und Politiker das arabische Streben nach Gleichheit neu. Daneben richten sie ihre Bemühungen um volle Staatsbürgerschaft in Israel dadurch neu aus, dass sie die Verpflichtung des Staates betonen, sie als indigene nationale Minderheit anzuerkennen. Außerdem erwarten sie von Israel, seine Identität dahingehend neu zu bestimmen, dass diese die seit 1948 an der palästinensischen Minderheit beigebrachten Wunden heilt und der Volksgruppe gerecht wird. Die Veröffentlichung der *Future Vision Documents*[30], die den politischen Ethos dieser Minderheit zum Ausdruck bringen, ist nur die Spitze in einem langen Prozess des Wandels im politischen Bewusstsein der arabischen Minderheit und in ihrer Beziehung zum israelischen Staat, der immer noch auf seinem exklusiv ethnischen Charakter als jüdischer Staat beharrt.[31] Dieser Prozess verdeutlicht das Scheitern des Modells vom »ruhigen Araber«, das der Staat über Zwangs- und Disziplinierungsmechanismen zu konstruieren versuchte; zugleich zeigt es den Aufstieg einer neuen palästinensischen Führungsgeneration, die in der Lage ist, ihre Ambitionen durch kollektive Verhaltensmuster und Kollektivtexte vorzubringen. Obwohl man die arabisch-palästinensische Minderheit – wie auch den israelischen Staat – nicht monolithisch begreifen kann, zeigen die Entwicklungen in ihrem Verhalten eine wachsende Einigung auf gemeinsame, wenn auch nur implizit formulierte Ziele.

Indigenität als eine formulierte, historische Tatsache und kollektive Identität, der Sonderrechte zustehen, wurden zu zentralen Legitimationsprinzipien für eine kollektive Bewegung der Araber, die ihre Rechte im Staat Israel durchsetzen wollen.[32] Der internationale Diskurs über die Rechte indigener Völker stellt ein gerechtfertigtes Mittel dar, die Forderung nach einer differenzierten Staatsbürgerschaft und einem Sonderstatus innerhalb des israelischen Staates, der demokratisiert werden und dessen enge ethnischen Bezüge man aufgeben sollte, zu begründen. Zudem werden Forderungen laut, der Staat solle die seit seiner Gründung gemachten

[30]Zwischen Dezember 2005 und Mai 2006 wurden insgesamt drei gemeinschaftlich erarbeitete Papiere von arabischen Intellektuellengruppen zum Entwurf einer Zukunftsvision der arabischen Gemeinschaft in Israel veröffentlicht.

[31]Jamal, Amal: »Future Visions and Current Dilemmas: On the Political Ethos of Palestinian Citizens of Israel.« In: Israel Studies Forum, 23 (2)2008. S. 3-28.

[32]Vgl. Jamal: Arab Minority Nationalism in Israel.

Fehler einsehen. Damit werden Rechte eingefordert, die über liberale Bürgerrechte, wie die Umverteilung von Bodenressourcen und das Recht auf Rückkehr binnenvertriebener, während der 1950er und 1960er Jahre enteigneter Palästinenser in ihre Dörfer und Häuser, hinausgehen.

Arabische Intellektuelle in Israel führen an, dass ihnen durch den exklusiv-jüdischen Charakter des Staates Israel ein nur nachrangiger Staatsbürgerschafts- und nationaler Status zukomme. In der Vergangenheit konnten arabische Politiker noch als überwiegend angepasst charakterisiert werden. Sie forderten Gleichheit auf Basis von Verteilungsgerechtigkeit und individueller liberaler Philosophie, wonach Israel seine arabischen Bürger gleichberechtigt in Gesellschaft und Staat integrieren sollte. Aktuell werden wir Zeugen, wie der politische Diskurs und das kollektive Verhalten immer stärker werden. Dies zeigt sich zum Beispiel im Entstehen neuer Parteien, wie der arabischen *Balad*-Partei[33] und der *Islamischen Bewegung*, die eine korrektive Gerechtigkeit und einen Wandel der Staatsidentität fordern, um den spezifischen Rechten der arabisch-palästinensischen Minderheit als einer indigenen Minderheit im eigenen Heimatland Genüge tun zu können. Zur Legitimation ihrer Forderungen stützt sich der neue Diskurs auf die Multikulturalismustheorie, auf eine Politik der Anerkennung sowie auf die Menschenrechte. Die bereits erwähnten *Future*

Unterricht für arabische Frauen auf dem Tempelberg

[33]Siehe auch: URL: http://www.balad.org (13.06.2013).

Vision Documents wurden von arabischen Politikern, Mitgliedern von Nichtregierungsorganisationen und Intellektuellen veröffentlicht. Die Dokumente spiegeln das oppositionelle Bewusstsein in der arabischen Gemeinschaft und dessen steigendes Selbstbewusstsein wider. Darüber hinaus markieren sie einen Wendepunkt im Hinblick auf den angewandten politischen Diskurs und auf das wachsende Engagement arabischer Nichtregierungsorganisationen bei der Bestimmung der politischen Agenda der arabischen Gemeinschaft und in ihrem Beitrag zur politischen Mobilisierung dieser Gemeinschaft.[34] In den vergangenen beiden Jahrzehnten ist die Zahl der Nichtregierungsorganisationen rapide angestiegen; sie haben sich als neue politische Akteure neben den politischen Parteien und Bewegungen in der arabischen Öffentlichkeit etabliert.

Die Verschiebungen innerhalb des politischen Diskurses der arabisch-palästinensischen Minderheit in Israel und ihre Auswirkungen auf die Beziehungen zwischen Staat und Minderheit hängen zusammen mit der Ernüchterung über das liberale Konzept von Gleichheit, insbesondere ihren grundlegenden Dimensionen in der »jüdischen und demokratischen« Definition des Staates. Des Weiteren steigt eine globalisierte arabisch-palästinensische Elite auf, die über die Entwicklungen in der internationalen Arena in Bezug auf die Rechte von Minderheiten gut unterrichtet ist. Drittens kann ein wachsendes Nationalgefühl unter der arabisch-palästinensischen Bevölkerung in Israel beobachtet werden, welches sie zu einer moralischen und politischen Argumentation mit der palästinensischen Indigenität greifen lässt.

Die arabisch-palästinensische Politik in Israel erschließt sich nicht allein mit Blick auf die israelische Staatsbürgerschaft. Die arabischen Bürger Israels betrachten ihre Staatsbürgerschaft unter Gesichtspunkten, die ihnen nicht durch den Staat oder die dominierende jüdische Mehrheit geboten werden. Die arabische Politik wird zunehmend von zwei wichtigen Kräften beeinflusst. Als Erstes ist der wachsende Einfluss des nationalen politischen Diskurses zu nennen, der die historischen Bindungen zwischen der arabischen Minderheit in Israel und dem palästinensischen Volk als Bestandteil einer jeden künftigen Lösung der Palästina-Frage aufrechtzuerhalten sucht. Gerade dieser Diskurs untermauert jedoch das komplexe Programm der israelischen Politik, nämlich das der Fragmentierung des palästinensischen Volkes in verschiedene, voneinander losgelöste Gemeinschaften. Zweitens wird die islamistische Ideologie eine zunehmend einflussreichere mobilisierende Kraft, die sich

[34] Payes, Shani: »Palestinian Civic associations in Israel: A Campaign for Civic Equality in a Non-Civic State.« In: Israel Studies, 8 (1)2003. S. 60-90.

in einer breiten sozialen und politischen Bewegung der Bürger artikuliert.[35] Beide Kräfte beeinflussen sämtliche Bereiche des arabischen Lebens in Israel und führen zu politischen Diskursen, die die perfekte Grundlage bilden für kollektivistische Forderungen. Es ist wichtig, die Veränderungen in der Beziehung zwischen dem Staat Israel und seinen palästinensischen Bürgern vor dem Hintergrund des israelisch-palästinensischen Konflikts zu betrachten. Der Rahmen des Konflikts ist zentral für das Verständnis des politischen Verhaltens der arabisch-palästinensischen Minderheit in Israel. Wenn eine Lösung des Konflikts erreicht werden soll, wollen die palästinensischen Staatsbürger Israels Teil derselben sein. Dieses Bestreben gilt, seit die Gemeinschaft erlebt hat, welchen Einfluss der Konflikt auf die sie betreffende israelische Politik hat.

Allerdings soll hier nicht gesagt werden, das Verhältnis zwischen Staat und Minderheit sei ausschließlich im Kontext des israelisch-palästinensischen Konflikts zu verstehen. Ein solches Argument würde die palästinensischen Bürger als Teil des israelischen Sicherheits-Dilemmas darstellen und die Rechtfertigungen für die diskriminierende Politik Israels gegenüber der Minderheit unterstützen. Damit fiele sie in den Bereich dessen, was in der Literatur als These der »Radikalisierung« bekannt ist.[36] Diese betrachtet die Entwicklung der arabisch-palästinensischen Politik in Israel in linearer historischer und politischer Hinsicht, ohne auf die verschiedenen Phasen der politischen Mobilisierung dieser Gemeinschaft sowie auf die internen sozialen Ausdifferenzierungen und ideologischen Unterschiede einzugehen. Eines der wichtigsten Ziele der arabisch-palästinensischen Gemeinschaft in Israel ist die Normalisierung ihrer Beziehungen zur Gesamtheit der arabischen Staaten, einschließlich jener, die die israelische Regierung als »feindliche Staaten« definiert. Dieses Bestreben zielt nicht darauf ab, die israelische Politik zu untergraben. Es handelt sich um ein transnationales Unterfangen, das dem jüdischen Transnationalismus ähnelt, der sich in den engen Kontakten zwischen den jüdischen Gemeinden in Europa, den USA und Kanada ausdrückt. Anders als Israels aktuelles Streben, »zwar im Osten zu leben, sich aber wie im Westen zu fühlen«, zielen die Bestrebungen der arabisch-palästinensischen Gemeinschaft darauf ab, Israel in der Nahost-Region und dessen Kultur zu »bezähmen«.

Die arabisch-palästinensischen Bürger Israels fordern das weithin durch internationale Konventionen anerkannte Recht auf Kontakt mit den Angehörigen ihrer

[35] Ghanem, Asad/Mustafa, Muhannad: The Palestinians in Israel: The Politics of the Indigenous Minority in the Ethnic state. The Palestinian Forum for Israeli Studies (Madar). Ramallah 2009.

[36] Rekhess, Elie: The Arab Minority in Israel: Between Communism and Arab Nationalism. Tel Aviv 1993.

Nation.[37] Es geht hier vor allem um die kulturelle Dimension, und abgesehen von der ambivalenten Position eines Teils der *Islamischen Bewegung* erkennen alle arabischen Führer und Parteien das Recht des israelischen Staates auf Existenz innerhalb sicherer Grenzen an. Es gibt jedoch eine große Diskrepanz zwischen der dem Begriff Existenz zugeschriebenen Bedeutung durch die jüdische Mehrheit auf der einen und die arabisch-palästinensische Minderheit auf der anderen Seite. Während Erstere die Existenz des Staates mit dessen jüdischem Charakter verschmilzt und jede Infragestellung dieses Charakters als Bedrohung für die Sicherheit des Staates wertet, unterscheiden die arabisch-palästinensischen Bürger zwischen diesen beiden. Die Mehrzahl der arabischen Parteien fordert, dass das Existenzrecht Israels zu respektieren sei, doch solle der Charakter des Staates offen für demokratische Überlegungen und eben nicht verfassungsrechtlich festgelegt sowie der öffentlichen Debatte entzogen sein.[38]

Der israelisch-palästinensische Konflikt beeinflusst das Verhalten der verschiedenen Parteien.[39] Während die israelische Politik als eine Politik der Fragmentierung bezeichnet werden kann, stellt sich die palästinensische Politik, vor allem in den letzten zehn Jahren, als eine Politik der Überbrückung geopolitischer Spaltungen und der Normalisierung der kommunalen und nationalen Beziehungen zwischen den Palästinensern in Israel und jenen in den Gebieten der Palästinensischen Autonomiebehörde dar. Dies bedeutet jedoch nicht automatisch das Ende politischer Visionen für die Zukunft zwischen den beiden palästinensischen Gemeinschaften, wie uns das einige israelische Gelehrte gerne glauben machen würden. Es ist allerdings wahr, dass die Fortsetzung der israelischen Besatzung und Siedlungspolitik unter einer steigenden Zahl von Intellektuellen und Politikern Zweifel an der Durchführbarkeit der Zwei-Staaten-Lösung hat aufkommen lassen[40] und das, obwohl sich arabisch-palästinensische Parteien seit Jahrzehnten für diese als die beste Lösung im Konflikt zwischen Israelis und Palästinensern eingesetzt haben. In jüngster Zeit sind zunehmend mehr arabische Bürger davon überzeugt, dass diese Lösung nicht länger realistisch ist und ihre Probleme nicht heilen wird. Eine wachsende Zahl arabisch-palästinensischer Führer glaubt, dass die Zwei-Staaten-Lösung von Israel zur För-

[37] Kymlicka, Will: »The Internationalization of Minority Rights.« In: International Journal of Constitutional Law, 6 (1)2008. S. 1-32.

[38] Ghanem/Mustafa: The Palestinians in Israel.

[39] Peleg/Wazman: Israel's Palestinians.

[40] Azoulay, Ariela/Ophir, Adi: This Regime Which Is Not One: Occupation and Democracy between the Sea and the River. Tel Aviv 2008; Feige, Michael: Settling in the Hearts: Jewish Fundamentalism in the Occupied Territories. Detroit 2009.

derung einer Politik genutzt wird, die für ein solches Modell kontraproduktiv ist.[41] Sie behaupten vielmehr, die israelische Regierung habe die Zwei-Staaten-Lösung erst akzeptiert, als sich deren tatsächliche Umsetzung als unmöglich herausstellte. Diese verstärkt auftretende Überzeugung führt zu neuen Herausforderungen für das Verhältnis zwischen Staat und Minderheit, die wichtige Auswirkungen in der Zukunft haben dürften.

Doch zwischen dem Streben der arabisch-palästinensischen Bürger in Israel nach Gleichstellung und Anerkennung als indigene Minderheit im eigenen Land und dem weiter gefassten palästinensischen Ringen um Staatlichkeit gibt es jedoch noch große Unterschiede. Die arabisch-palästinensischen Bürger sind enttäuscht und frustriert über ihre israelische Staatsbürgerschaft, die ihre natürliche Verbindung mit der sie umgebenden arabischen Welt zunehmend einschränkt in einer Zeit, in der sich die Welt unaufhaltbar globalisiert. Trotz allem lässt sich feststellen, dass die Mehrheit der politischen, gesellschaftlichen und intellektuellen Führung dieser Gemeinschaft weitherhin versucht, ihre israelische Staatsbürgerschaft in ein politisches Projekt zu übersetzen, das für Gleichberechtigung und Anerkennung sorgt.

4. Abschließende Bemerkungen

Es gibt in Israel eine klare Hegemonie der »staatstragenden Nation«, die sämtliche staatliche Institutionen nutzt, um ihre Sprache, Kultur, demografische Situation, wirtschaftliche Blüte und politische Dominanz zu stärken. Vielleicht ließe sich diese Politik als weniger negativ betrachten, wäre der Staat ausschließlich von Mitgliedern einer Nation bewohnt. Doch die Nationalisierungspolitik des israelischen Staates kollidiert direkt mit den Grundrechten der palästinensischen Minderheit, die fast zwanzig Prozent der Bevölkerung ausmacht. Diese Politik manifestiert sich in einer ethnisch geschichteten Wirtschaft, einer Politik der Enteignung, in regionaler Planung und Flächennutzungsentwicklung, in der Verteilung kultureller und materieller Ressourcen sowie den Sozialisationsapparaten des Staates. Israel ist ein ethnischer Staat, der zwar das kollektive Recht seiner jüdischen Staatsbürger auf Selbstbestimmung deutlich zum Ausdruck bringt, jedoch gleichzeitig seinen arabischen Bürgern die Anerkennung als nationale Minderheit vorenthält. Nach wie vor ist Israel in engen ethnischen Bezügen als jüdischer Staat definiert. Dieser Charakter wurde in den letzten zehn Jahren zunehmend betont, als sich der soge-

[41] Ghanem, Asad: »The One State Solution as a Palestinian Salvation Project.« In: Al-Aadab, 11-12/2009. S. 5-7; Jamal, Amal: »One State Solution: Prospects and Limitations.« In: Al-Aadab, 11-12/2009. S. 11-16.

nannte »Libermanismus«[42] und »Kahanismus«[43], trotz offensichtlich rassistischer Glaubenssystematik und Politik, als vollständig legitimierte politische Ideologien durchsetzten. In diesem Sinne ist Israel ein ethnischer Staat, der sich nur mit einem Teil seiner Bevölkerung identifiziert. Dies wird durch die zionistische Ideologie als Ausdruck eines exklusivistisch ethnischen Nationalismus gerechtfertigt.

Diese Ausprägung des Nationalismus findet sich in der Identität und dem vorherrschenden Nationalcharakter des Staates wieder. Die Wahlen zur 19. *Knesset* am 22. Januar 2013 haben die Machtposition der illiberalen nationalistischen Rechten, zu deren Mitgliedern auch vierzehn Siedler aus den besetzten palästinensischen Gebieten sowie dreißig orthodoxe und ultraorthodoxe Juden zählen, bestätigt. Unabhängig von deren tatsächlicher Beteiligung an der Regierungskoalition ist nur schwer vorstellbar, wie sich die Nationalisierungs- und Ethnisierungspolitik ändern und sich ein plötzlich von Kompromissbereitschaft bestimmter Umgang mit der nationalen Bewegung der Palästinenser einstellen sollte. Aktuell schwächt sich die Verhandlungsposition der großen arabischen Staaten im Nahen Osten in Folge der vor Ort stattfindenden sozio-politischen Umbrüche und Veränderungen ab. Dies scheint dem israelischen Staat einmal mehr die Möglichkeit zu geben, seine einseitig ausgerichtete Politik der Zersplitterung des geografischen Gebiets, das dem zukünftigen palästinensischen Staat auf Grundlage der Zwei-Staaten-Lösung zukommen würde, zu verfolgen.

Möglicherweise offenbaren uns die tatsächlichen Gegebenheiten vor Ort die negative Dialektik der Geschichte: Wenn nämlich die extreme Betonung des jüdischen Charakters des israelischen Staates und die exklusive Bindung zwischen dem jüdischen Volk und dem »Land Israel« den Palästinensern keine andere Wahl lassen, als sich der gesamten zionistischen Bewegung zu widersetzen. Wenn diese an ihrer derzeitigen Politik festhält, könnte sich eine binationale demografische Realität durchsetzen, die es politisch und institutionell in einer künftigen Lösung des Konflikts abzustimmen gilt.

---

[42] Evsei Liberman, sowjetischer Wirtschaftsprofessor.

[43] Der Kahanismus ist eine Betrachtungsweise von Tora und Talmud basierend auf den Lehren des Rabbiners Meir Kahane. Weitere Informationen unter: URL: http://de.wikipedia.org/wiki/Kahanismus (13.06.2013).

II. Neue Akteure und alte Probleme? Israel und die sich verändernden arabischen Länder

Israel in der arabischen Welt

Strategische Erwägungen

VON SHIMON STEIN

Der Beginn dessen, was fälschlicherweise als »Arabischer Frühling« bezeichnet wird, kam unerwartet für Israel. Unsere »Experten« – aber nicht nur sie – wurden überrascht von den Ereignissen, die sich in Tunesien im Dezember 2010 entwickelten, als sich der Straßenverkäufer Mohammed Bouazizi aus Frustration und Verzweiflung selbst anzündete, sowie den Ereignissen im Folgenden, die zum Sturz von Hosni Mubarak in Ägypten führten. Wir hatten uns alle an Mubarak, Gaddafi und Ben Ali gewöhnt, deren Umgang mit den Menschenrechten beziehungsweise Freiheiten unterschiedlicher Art man nicht anders als erschreckend bezeichnen konnte. Ihre Regime waren diktatorisch und undemokratisch, doch hatten sie jeweils die Stabilität in ihrer Region wahren können und damit nicht nur den Interessen Israels, sondern auch denen europäischer Regierungen und nicht zuletzt den amerikanischen Interessen gedient. So übten Europäer zwar einerseits von Zeit zu Zeit Kritik an der Politik und den Praktiken dieser Regime, doch war man sich auf der anderen Seite sehr wohl der Tatsache bewusst, dass Öl und Gas weiter flossen, dass der radikale Islam in Schach und illegale Einwanderung aus Afrika und dem Nahen Osten unter Kontrolle gehalten wurden.

Vor diesem Hintergrund gab es für Europa oder die USA keinen Grund, auf die Absetzung dieser Führer hinzuwirken. Der israelische Ministerpräsident Benjamin Netanjahu war der Einzige, der in dieser Situation intervenierte – wenn auch aus Sorge vor möglichen Konsequenzen für den strategisch so wichtigen ägyptisch-israelischen Friedensvertrag. Er versuchte, Präsident Obama und seine Regierung zu überzeugen, Präsident Mubarak zu unterstützen. Wie wir wissen, war seine Intervention erfolglos – der Rest ist Geschichte.

1. Situation der arabischen Länder nach den Umbrüchen von 2011

Im Rückblick sollte man allerdings auch festhalten, dass die Beziehungen Israels zu Mubarak, ebenso wie die zu seinem Vorgänger Sadat, nicht frei von Spannungen oder Meinungsverschiedenheiten waren. Gleichzeitig jedoch gab es eine Annäherung der Interessen zwischen dem Mubarak-Regime und Israel, zum Beispiel im Kampf gegen den radikalen Islam oder in der ablehnenden Haltung gegenüber der *Hamas*, die Mubarak als Bedrohung für die nationalen Interessen Ägyptens einschätzte. Das Mubarak-Regime unterstützte zudem den Kurs der Palästinensischen Autonomiebehörde und hegte Ressentiments gegen die iranische Regierung und deren Ambitionen, die Region zu beherrschen. Nicht zuletzt war das Regime Mubaraks ein westlich orientiertes, pro-amerikanisches Regime. Konnte man aber wirklich überrascht sein vom Beginn des arabischen Erwachens? Die Antwort lautet wohl eher nein. Rückblickend lässt sich feststellen, dass es hinreichend Anzeichen gab und es nicht darum ging, ob, sondern lediglich wann es zu einem Ausbruch kommen würde. Deutliche Hinweise in diese Richtung gaben zum Beispiel die seit 2002 veröffentlichten *Human Development Reports*[1] der Vereinten Nationen, in denen die Lage der arabischen Nationen unmissverständlich aufgezeigt wurde. Die von Nahost-Experten erarbeiteten Berichte zeichneten ein düsteres Bild und ließen keinen Zweifel daran, dass die Regime in diesen Ländern auf einer tickenden Zeitbombe saßen, die jederzeit explodieren konnte. Doch wie meist in solchen Fällen, wurden die Berichte schnell gelesen und ad acta gelegt.

Mag es noch viel zu früh sein, die Auswirkungen des arabischen Erwachens für die Zukunft der Region zu beurteilen, so ist doch unbestreitbar klar, dass wir es mit einem Ereignis historischen Ausmaßes zu tun haben. Man könnte sogar so weit gehen, die Entwicklungen als Paradigmenwechsel zu bezeichnen. Und wie bei allen Veränderungen einer solchen Größenordnung, ist die aktuelle Situation im Nahen Osten geprägt durch ein hohes Maß an Instabilität sowie Unsicherheit – und damit Unberechenbarkeit. Sie ist im Wesentlichen gekennzeichnet durch folgende Punkte:

- eine Schwächung der Zentralregierungen (so im Fall Ägyptens, Syriens, Libyens, des Jemen und des Libanon);
- einen Verlust der Kontrolle über Teile ihres Hoheitsgebiets für einige Länder (siehe Sinai-Gebiet);

[1] United Nations Development Programme: Arab Human Development Report 2009. URL: http://www.arab-hdr.org/publications/other/ahdr/ahdr2009e.pdf (18.07.2013).

- eine wachsende Fragmentierung innerhalb der Staaten, die sich im zunehmenden Einfluss der Stammesbevölkerung sowie konfessioneller Kräfte (Spaltung zwischen Sunniten und Schiiten) und ethnischer Kräfte zeigt;
- die Stärkung nicht-staatlicher Akteure (ein Prozess, der nicht erst mit dem arabischen Erwachen begonnen hat, doch nach den Anfangsereignissen vorangetrieben wurde);
- sowie die wachsende Zahl gescheiterter Staaten.

Wenn wir uns auf die Belange im eigenen Land konzentrieren, dürfen wir nicht außer Acht lassen, wie sich die Ereignisse auf die Sicherheit der gesamten Region auswirken und müssen unsere Einstellung und unser Denken zu diesem Thema überarbeiten. Unser tradiertes Wissen über staatliche und zwischenstaatliche Beziehungen hilft uns hier nicht weiter. Es müssen neue Konzepte entwickelt werden, die die Veränderungen entsprechend aufgreifen.

2. Westliche Akteure, neue Machtverhältnisse und Strategien

Diese Veränderungen wirken sich auch auf extraregionale Akteure aus. Hier in erster Linie auf die USA, die ebenfalls unvorbereitet waren, als die Ereignisse in Ägypten an Dynamik gewannen und es sich bald deutlich abzeichnete, dass Mubaraks Tage an der Macht gezählt waren. Sich schließlich solidarisch mit den Tahrir-Platz-Demonstranten zu zeigen und ihre Ideen zu unterstützen, war ein notwendiger Schritt, doch blieb er nicht ohne Folgen für die Glaubwürdigkeit des US-Engagements gegenüber ihren Verbündeten, den anderen prowestlichen Regimen in der Region wie Saudi-Arabien oder die Golfstaaten. Bei aller Bedeutung und Wichtigkeit, die den Themen Demokratie und Menschenrechtswerte beigemessen werden, galt es, die Wahrung nationaler Interessen nicht zu vernachlässigen. So entschieden sich die USA, nicht hinzusehen, als das Bahrain-Regime mit Unterstützung der Saudis unter Einsatz des Militärs gegen die Anti-Regime-Demonstrationen vorging. Für die Zukunft der Region werden die Rolle und das Engagement der USA dennoch von entscheidender Bedeutung bleiben. Eine Verringerung der Abhängigkeit der Amerikaner von Energie aus dem Nahen Osten, die Verschiebung der strategischen Aufmerksamkeit der USA auf Asien sowie die Beschäftigung mit den Wirtschafts- und Finanzproblemen im eigenen Land könnten jedoch auf lange Sicht zu einem allmählichen Rückzug der Vereinigten Staaten aus der Region führen.

Für die Zukunft der Region werden die Rolle und das Engagement der USA von entscheidender Bedeutung bleiben.

Dann wird interessant sein, ob stattdessen die EU eine größere Verantwortung in dieser Region übernehmen wird, die fast unmittelbar vor ihrer Haustür liegt und die sie als entscheidend für ihren Wohlstand, ihre Stabilität und Sicherheit definiert hat. Als Zeichen in diese Richtung könnte die Entscheidung Frankreichs gesehen werden, zusammen mit Großbritannien die Führung bei der Befreiung Libyens von Gaddafi zu übernehmen. Die USA hingegen nahmen in dieser Situation eine gestutzte Rolle durch die sogenannte »Führung aus dem Hintergrund« ein. Die jüngsten Einsätze des französischen Militärs in Mali sprechen ebenfalls dafür, dass zumindest Frankreich eine größere Verantwortung in der Region übernimmt. Gegenüber Gaddafi fand die internationale Gemeinschaft einen Konsens und demonstrierte Entschlossenheit, als es darum ging, ihn daran zu hindern, sein eigenes Volk zu töten. Dieselbe Gemeinschaft ist nun aber im Fall Syriens unfähig oder nicht willens, dem Regime bei dessen Vorgehen gegen das eigene Volk Einhalt zu gebieten. Syrien ist heute zu einem Schauplatz der Auseinandersetzungen unter regionalen (Saudi-Arabien und Katar), extraregionalen (Russland, Iran und die Türkei) und nicht-staatlichen Akteuren (*Hisbollah* und *Al-Qaida*) geworden.

3. »Rote Linie« zwischen Israel und dem Iran

Überrascht von den Ereignissen und außerstande, die Auswirkungen der grundlegenden Veränderungen in den Nachbarstaaten auf die eigene Sicherheit zu bewerten, entschied sich die israelische Regierung zu Recht, eine vorsichtige Haltung einzunehmen. Man war überwiegend der Meinung, lieber zu warten, bis sich etwas Staub auf die Sache gelegt haben würde, als voreilige Schritte zu unternehmen, die sich als Bumerang erweisen könnten. Mit einer kollabierten regionalen Ordnung und ohne eine neue in Sicht, sieht Israel sich aktuell mit den folgenden Herausforderungen für seine nationale Sicherheit konfrontiert: der Nuklearisierung des Iran, der Einhaltung des Friedensvertrags mit Ägypten und Jordanien, den zukünftigen Entwicklungen in Syrien und den damit zusammenhängenden möglichen Auswirkungen auf die Stabilität im Norden Israels und nicht zuletzt den problematischen Beziehungen zu den Palästinensern. Lässt man einmal die Unsicherheit über die Zukunft der Region vor dem Hintergrund des arabischen Erwachens und dessen Auswirkungen auf die Sicherheit Israels außen vor, so werden die anhaltenden Fortschritte des Iran beim Erwerb atomarer Kapazitäten für einen militärischen Einsatz von der Regierung sowie Teilen der Öffentlichkeit in Israel als existenzielle Bedrohung eingestuft. Ich persönlich halte die Bedrohung zwar für erheblich, jedoch nicht für existenziell. Israel wie auch die USA können darauf nach wie vor mit folgenden drei Optionen reagieren: Es lassen sich diplomatische Schritte einleiten oder Sanktionen verhängen, um den Iran letztendlich zum Verhandlungstisch zu »zwingen«, oder aber man kann militärisch vorgehen.

Was die erste Option anbelangt, so hat die Wiederaufnahme der Gespräche im Jahr 2012 (in Bagdad, Istanbul und Moskau) nicht zu einem Durchbruch geführt, der von einer Entschärfung der Situation zu einem allmählichen Vertrauensaufbau in das, was der Iran als friedliches Projekt beschreibt, schließlich zu einer Lösung des Konflikts geführt hätte. Ob sich die letzte Gesprächsrunde in Almaty im Frühjahr 2013 als Wendepunkt in den langwierigen und bislang fruchtlosen Verhandlungen entpuppt, bleibt abzuwarten, insbesondere vor dem Hintergrund des jüngsten Berichts der Internationalen Atomenergie-Organisation (*IAEO*).[2] Die Sanktionen, die 2012 nochmals verschärft wurden, konnten das iranische Regime (zumindest noch) nicht überzeugen, ernsthaft mit der *IAEO* zusammenzuarbeiten, geschweige denn der Resolution des *UN*-Sicherheitsrats nachzukommen und in ernst gemeinte Verhandlungen mit den fünf Veto-Mächten im *UN*-Sicherheitsrat und Deutschland (P5+1) einzutreten. Im Gegenteil: Nach dem neuesten *IAEO*-Bericht baut der Iran seine Anreicherungstechnologie weiterhin aus und produziert größere Mengen an hoch angereichertem Uran (zwanzig Prozent). Aus einer Vielzahl von Gründen, vornehmlich jedoch aufgrund des Vorbehalts der USA gegen einen Militärschlag, hat die israelische Regierung ihre Definition der »roten Linie« neu gefasst: Sie betrachtet diese nun nicht mehr als den Moment, in dem der Iran die sogenannte »Zone der Immunität« erreicht. Diese Zone wird dann betreten, wenn die Anreicherungsanlage in Fordow, die aufgrund ihrer Lage tief unter der Erde weitestgehend gegen Luftangriffe geschützt zu sein scheint, vollständig mit Zentrifugen ausgerüstet und betriebsbereit ist. Dann verfügt der Iran über genügend hoch angereichertes Uran für den Bau einer Atombombe. In seiner Rede vor der *UN*-Generalversammlung im September 2012 führte Ministerpräsident Netanjahu an, dieser Moment könne schon im Frühjahr oder Sommer 2013 eintreten.[3] Einige Stimmen mögen behaupten, er sei bereits eingetreten. Die Fragen, die Israel dann beantworten muss, lauten:

- Will man auf weitere Sanktionen setzen, um zum gewünschten diplomatischen Ergebnis zu gelangen?
- Beugt man sich dem Druck der USA, noch eine Weile abzuwarten, an deren Ende dann eine US-Militäraktion folgen wird?
- Wird man im Alleingang tätig?

---

[2] Siehe ISIS Report February 21, 2013. URL: http://www.isisnucleariran.org/assets/pdf/ISIS_Analysis_IAEA_safeguards_Report_21Feb2013.pdf (18.07.2013)

[3] In: the algemeiner, September 27, 2012. URL: http://www.algemeiner.com/2012/09/27/full-transcript-prime-minister-netanyahu-speech-to-united-nations-general-assembly-2012-video/ (18.07.2013)

Iranische Studentinnen bei einer Ausstellung über Irans Atomprogramm an der Universität Qom (Iran)

Weiteres Zögern – für den Fall, dass der Iran an seinem aktuellen Kurs festhält – könnte die Glaubwürdigkeit Israels untergraben. Aus der Sicht Israels – und von Ministerpräsident Netanjahu auch zum Ausdruck gebracht – ist wohl das Jahr 2013 entscheidend, was das Nuklearprogramm des Iran betrifft. Für die USA mag das jedoch anders aussehen.

4. Ägyptens und Israels pragmatischer Kurs zur Aufrechterhaltung des Friedensvertrags

Die Einhaltung des Friedensvertrags mit Ägypten ist für Israel ein strategisches Muss. Vor diesem Hintergrund lässt sich nicht nur verstehen, warum Netanjahu in Washington die Stützung des Mubarak-Regimes befürwortete, dessen Engagement für den Friedensvertrag unerschütterlich war. Es erklärt auch die Bedenken im Zusammenhang mit der Machtergreifung der Muslimbrüder, deren Ablehnung des israelischen Existenzrechts weithin bekannt ist. Zwar hatte der abgesetzte ägyptische Präsident Mursi seine Schwierigkeiten damit, den Namen Israel auszusprechen, doch sein Engagement für die Aufrechterhaltung des Friedensvertrags war beruhigend, wenn er auch nicht viel Worte darüber machte. Bei der Bewältigung drängender wirtschaftlicher und finanzieller Belange hängt nämlich auch eine neue ägyptische Regierung, unabhängig von ihrer Zusammensetzung, vom Westen im Allgemeinen und von den USA im Besonderen ab. So ist jeder ägyptische Präsident gezwungen, jede antiisraelische und antijüdische, wenn nicht gar antisemitische Ideologie beiseitezulegen und einen pragmatischen Kurs einzuschlagen.

Es bedarf demnach erheblicher Anstrengungen der israelischen wie auch der ägyptischen Seite, die potenziellen Minen zu entschärfen, welche alle Beteiligten in Auseinandersetzungen verwickeln könnten, an denen jedoch niemand von ihnen interessiert ist. Die Politik der *Hamas*-Regierung im Gazastreifen und mögliche Terroranschläge gegen Israel aus dem Sinai stellen solche potenzielle Spannungsfelder dar, die, wenn sie nicht vorsichtig angegangen werden, ungewollte Folgen nach sich ziehen könnten. Ägyptens Rolle unter dem ehemaligen Präsident Mursi während der letzten Konfrontation zwischen Israel und der *Hamas* (die sogenannte »Operation Wolkensäule« der israelischen Streitkräfte im November 2012) untermauerte deutlich Mursis Einstellung, dass eine Konfrontation mit Israel den Interessen Ägyptens nicht dienlich ist. Nichtsdestoweniger werden der ungelöste Konflikt zwischen Israelis und Palästinensern sowie das Ausbleiben von Verhandlungen eine Quelle für Spannungen zwischen beiden Ländern bleiben. Die Einhaltung des Friedensvertrags mit Ägypten ist darüber hinaus auch bedeutsam für die Beziehungen zwischen Israel und Jordanien. Unternähme Ägypten Schritte in Richtung einer Aussetzung oder gar Aufhebung des Friedensvertrags mit Israel, würde dies Jordanien stark unter Druck setzen, diesem Beispiel zu folgen. In Anerkennung der strategischen Bedeutung Jordaniens für die Sicherheit Israels, insbesondere vor dem Hintergrund der Entwicklungen im Irak und Syrien, ist Israel gefordert, von Stellungnahmen oder Vorgehensweisen zur Palästinafrage abzusehen, die eine Abweichung von der Zwei-Staaten-Lösung vermuten lassen könnten.

5. Israels Interesse an einer stabilen syrischen Grenze

Syrien, dessen Armee in punkto Waffenarsenal die stärkste ist oder vielmehr war, die Israel gegenübersteht, ist in einen Bürgerkrieg verwickelt, der die weitere Einsatzbereitschaft und Moral seiner Soldaten bereits drückt. Niemand kann zum jetzigen Zeitpunkt sagen, wie dieser Krieg ausgehen, geschweige denn, wer Syrien regieren wird, wenn das Assad-Regime erst einmal ein Ende gefunden haben wird. Es stellt sich hier nicht die Frage, ob er gehen wird oder nicht, sondern wann und unter welchen Umständen das sein wird. Ein langwieriger und schwieriger interner Konflikt könnte Syrien in einen gescheiterten Staat verwandeln oder zum Zerfall des syrischen Staates, wie man ihn seit Ende des Ersten Weltkriegs kennt, führen. Jedes Szenario wird Auswirkungen auf die Region, wie etwa die Destabilisierung Jordaniens oder des Libanon, sowie in besonderer Weise auf Israel haben.

Israel hat ein großes Interesse an der Aufrechterhaltung des Status quo entlang der Grenze zu Syrien, handelt es sich doch bei dieser um die ruhigste Grenze, die Israel in den letzten vier Jahrzehnten mit seinen Nachbarländern hatte. Es hat nun eine »rote Linie« definiert, bei deren Überschreitung durch das Regime Syriens Israel in jedem Fall eingreifen wird. Gemeint ist die Überführung von chemischen Waffen (CW) und/oder Waffensystemen, die als sogenannte *game changers* das Kräfteverhältnis im Sinne libanesischer Interessen beeinflussen würden. Wiederholte Angriffe von Konvois auf syrischem Boden, für die man Israel verantwortlich machte, könnten als Bekräftigung der eingeschlagenen Politik Israels gesehen werden. Man kann davon ausgehen, dass jeder ähnliche Versuch in Zukunft eine entsprechende Gegenreaktion hervorrufen wird. Positiv betrachtet bedeutete eine Niederlage Assads auch eine strategische Niederlage für seinen treuesten Verbündeten, den Iran, sowie eine Schwächung der *Hisbollah* und insgesamt eine Schwächung der radikalen Front in der Region.

6. Israels abwartende Haltung gegenüber Palästina

Kommen wir schließlich zum ungelösten Konflikt zwischen den Israelis und Palästinensern. Die vorherrschende Meinung in Israel zur Wiederaufnahme der Verhandlungen ist, dass die Chancen für einen Durchbruch hinsichtlich einer endgültigen Statusvereinbarung angesichts der aktuellen Gegebenheiten im Land und unter den Palästinensern praktisch gleich Null sind. Die Ansätze zu den Kernthemen – das sogenannte Rückkehrrecht, gegenseitige Anerkennung, die Grenzfrage und nicht zuletzt die Zustimmung der Palästinenser, auf weitere Ansprüche zu verzichten – unterscheiden sich substanziell. Es mangelt an grundlegendem Vertrauen zwischen den Parteien. Keine Seite sieht in der anderen einen glaubwürdigen Verhandlungspartner, geschweige denn einen Partner, mit dem schwierige Entscheidungen getroffen werden könnten. Mangels Vertrauen in die Absicht oder gar Fähigkeit der israelischen Regierung, die Siedlungen zu räumen, hat der Präsident der Palästinensischen Autonomiebehörde den Stopp des Siedlungsbaus in der Westbank und Ostjerusalem als Voraussetzung für die Wiederaufnahme der Verhandlungen eingefordert. Die israelische Regierung wiederum hat kein Vertrauen in die Fähigkeit der Palästinensischen Autonomiebehörde, die radikale Opposition und in erster Linie die *Hamas* im Zaun zu halten. Zwei Faktoren sind ausschlaggebend dafür, dass das noch verbliebene Vertrauen Israels in die Autonomiebehörde sowie in das Engagement seines Präsidenten für den politischen Prozess erschüttert wurde: Erstens weigert sich die palästinensische Führung bleibend, den Staat Israel als Staat des jüdischen Volkes anzuerkennen und untergräbt in diesem Sinne laufend die Legitimität Israels innerhalb der Grenzen von 1967. Zweitens bemüht sich die palästinensische Regierung nicht,

Sowohl Israelis als auch Palästinenser können ausreichend Gründe und Vorwände anbringen, um nicht wieder an den Verhandlungstisch zurückzukehren.

die eigene Unabhängigkeit über direkte Verhandlungen mit Israel zu erhalten; sie wählt vielmehr den Weg über die *UN*-Generalversammlung und die dortige Anerkennung Palästinas als nicht-staatlichen Beobachter. Zu diesen zwei Punkten reihen sich weitere Aspekte, die die Bereitschaft Israels zur Wiederaufnahme der Verhandlungen zunehmend schwächen:

- der interne palästinensische Konflikt zwischen *Fatah* und *Hamas*. Dieser lässt Israel die Fähigkeit der Autonomiebehörde in Frage stellen, ein einmal unterzeichnetes Abkommen auch umzusetzen;
- die Erfahrungen nach dem einseitigen Abzug aus dem Gaza-Streifen im Jahr 2005, die die Attraktivität eines einseitigen Abzugs aus Teilen der Westbank mindern;
- die Ereignisse in der Region im Zuge des arabischen Erwachens und
- die fortlaufenden Bemühungen des Iran beim Ausbau seines Atomprogramms.

Nichts von alledem schafft einen Anreiz für Israel, eine Initiative für die Wiederaufnahme des Dialogprozesses in die Wege zu leiten, geschweige denn, einseitige Schritte zu erwägen. Es gibt keinen Druck und keine Dringlichkeit, den Dialog wieder aufzunehmen. Dies zeigte sich auch in der israelischen Parlamentswahl im Januar 2013. In deren Wahlkampagnen spielte der israelisch-palästinensische Konflikt so gut wie keine Rolle. Druck zur Überwindung des Stillstands fehlt jedoch nicht nur im Inland. Es gibt auch von außen keinerlei Druck auf die Parteien, die Verhandlungen wiederaufzunehmen.

7. Plädoyer für veränderte israelisch-palästinensische Verhältnisse

Aus israelischer Sicht sprechen die genannten Faktoren tatsächlich weniger für das Ergreifen der Initiative, als vielmehr für eine abwartende Haltung, solange noch keine eindeutige politische Initiative und Risikoübernahme erforderlich ist. Gleichwohl ließe sich für ein Interesse Israels an einer Initiative ins Feld führen, dass Israel darüber seine nationalen Ziele erreichen könnte, nämlich die Sicherung eines jüdischen und demokratischen Staates zu gewährleisten sowie den Verlauf der Machtkämpfe innerhalb des palästinensischen Lagers und nicht zuletzt die sich verändernden Machtverhältnisse in der Region zu beeinflussen. Jeder dieser Schritte könnte auch dazu beitragen, die Isolation Israels aufzubrechen und gegen das Image anzugehen, ein Staat zu sein, der jeden Fortschritt blockiert. Die jüngsten Demonstrationen in der Westbank sollten zudem als Mahnung dienen, dass der anhaltende politische Stillstand gepaart mit einer Wirtschaftskrise zu einer unbeabsichtigten Eskalation führen könnte, die weder im Interesse der Palästinensischen Autonomiebehörde noch im Interesse Israels liegt. Man kann nur hoffen, dass die neu gewählte israelische Regierung eine Reihe von wichtigen Schritten – wie die Freilassung von

Gefangenen, den Abbau von Blockaden oder eine zunehmende wirtschaftliche Unterstützung – angehen wird, die dabei helfen könnten, die heikle Situation zu entschärfen.

Da eine endgültige Beilegung des Konflikts im jetzigen Stadium aus den genannten Gründen nicht möglich ist, sollte Israel in seinem eigenen Interesse einen Vorschlag für Übergangsvereinbarungen machen; der Begriff »Interimsabkommen« dürfte von den Palästinensern wohl abgelehnt werden. Diese wären zu verstehen als ein Schritt auf dem Weg zur Gründung eines palästinensischen Staates innerhalb vorläufiger Grenzen. In diesem Zusammenhang könnte Israel Siedlungen und illegale Posten abbauen und zusätzliche Schritte unternehmen, um seine Absicht zu untermauern, auf die Umsetzung der Zwei-Staaten-Lösung hinzuarbeiten. Wenn die Palästinenser das Angebot zur Wiederaufnahme der Verhandlungen ablehnen, sollte Israel unilateral Schritte unternehmen, in deren Folge Siedlungen abgebaut und westlich des Sicherheitszaunes neu aufgezogen werden. Dieser sollte die (noch auszuhandelnde) künftige Grenze zwischen Israel und dem palästinensischen Staat bilden. Bis dahin sollte Israel Handlungsfreiheit im gesamten Gebiet bis zum Jordan gewähren. All diesen Vorschlägen unterliegt die Annahme, dass die Fortsetzung des Status quo nicht dem langfristigen Interesse Israels, also der Sicherung seines Fortbestehens als jüdischer und demokratischer Staat, dient.

Heute, über zwei Jahre nach Beginn des arabischen Erwachens, lässt sich sagen, dass Israel die Umbrüche gut gemeistert hat. Die Umwälzungen haben die wachsende Kraft der »arabischen Straße« aufgezeigt: ob beim Sturz einzelner Regime, ob in den Bemühungen, die Legitimität anderer zu untergraben, oder bei den Versuchen, die Politik in den betroffenen Ländern mitzugestalten. Darüber hinaus haben die Veränderungen aber auch radikale islamistische Kräfte erstarken lassen. All diese Entwicklungen haben zu einer Zuspitzung der Spannungen zwischen Israel und seinen Nachbarstaaten geführt. Sie haben zwar keine neue Bedrohung geschaffen, doch haben sie Israels militärische und politische Herausforderungen verschärft. Um seine Zukunft zu sichern, muss Israel eine proaktive Haltung zur Lösung der Herausforderungen einnehmen. Versuche, lediglich den Status quo zu wahren, werden den langfristigen Interessen des Staates nicht dienen.

Vom Halbmond zum Dreieck

Geostrategische Machtverschiebungen zu Ungunsten des Iran und der USA

VON GIL YARON

Bis zum Beginn des 21. Jahrhunderts schien die arabische Welt in ein starres gesellschaftliches und politisches Korsett eingeschnürt zu sein. Die Region wurde von korrupten Diktatoren und feudalen Strukturen beherrscht, die jede gedankliche Neuerung im Keim erstickten. Die *Arab Human Development Reports* der *Vereinten Nationen* machten Jahr für Jahr deutlich, wie weit die 22 arabischen Staaten ins Hintertreffen geraten waren, wie sie sich trotz immenser Einnahmen der Ölindustrie wirtschaftlich sogar zurückentwickelten. Als Ursache machten die Berichte unter anderem den Umstand aus, dass die alten Eliten rigide und mit repressiven Mitteln an der Macht festhielten.

Doch spätestens seit Beginn des Arabischen Frühlings scheint zumindest das Manko des politischen Stillstands behoben: Im Nahen Osten findet seit dem 17. Dezember 2010 reichlich Geschichte statt. Die Selbstverbrennung, mit der ein 26 Jahre alter tunesischer Gemüsehändler die Revolte auslöste, wurde zu einem allumfassenden Flächenbrand, der tiefgreifende Umwälzungen nach sich zog. Noch ist schwer einzuschätzen, wer letztendlich als Gewinner aus diesen Entwicklungen hervorgehen wird. Mittelfristig stehen jedoch bereits ein paar Verlierer fest, nämlich ausgerechnet die Kräfte, die bislang in der Region tonangebend waren: die Supermacht USA mit ihren Alliierten in Nahost sowie ihre wichtigsten Gegenspieler – die islamische Republik Iran und ihre Verbündeten.

1. Sunnitische und schiitische Streitigkeiten

Nach Ende des Kalten Krieges und bis zum Arabischen Frühling beherrschte ein bipolares Gedankenmodell die Weltanschauung arabischer Herrscher in der Region. Im Jahr 2004 prägte Jordaniens König Abdallah II. dafür den Begriff vom *Hilal al*

Schi'i – dem »schiitischen Halbmond«[1] – und gab damit dem wichtigsten übergreifenden Konflikt in der Region einen griffigen Namen. Hintergrund ist die Spaltung der muslimischen Welt in Sunniten und Schiiten, die noch auf die Gründerzeit des Islams zurückreicht. Laut schiitischer Überlieferungen sollte nämlich nach dem Tod des Propheten Muhammad im Jahr 632 eigentlich dessen Schwiegersohn und Cousin Ali die Führungsrolle der Glaubensgemeinschaft übernehmen. Doch während der treue Ali die Leiche Muhammads wusch, nutzte eine Gruppe von Muhammads Weggefährten die Gelegenheit, um Abu Bakr zum neuen Kalifen, also Stellvertreter des Propheten, zu wählen. Dies begründete einen Brauch, dessen Anhänger fortan »Sunniten« (von Ahl al Sunna – Volk der Tradition) genannt wurden. Ein Erbstreit um die Position des »Prinzen aller Gläubigen« entbrannte, der wenige Jahre später einen offenen Bürgerkrieg entfachte und letztlich in einer religiösen Spaltung mündete. Am 10. Oktober 680 wurde dieses *Schisma* in der Schlacht von Kerbala endgültig, als Sunniten Hussein, den Sohn Alis und Muhammads Enkel, töteten. Heute gehören rund 15 Prozent der Muslime weltweit zur *Schiat Ali* – der Partei Alis, die daran festhält, dass eigentlich Muhammads Cousin und dessen Nachkommen die Macht gebührt.

Sunniten und Schiiten bezichtigen sich seither gegenseitig der Häresie. Ihr Verhältnis zueinander ist vergleichbar mit den Beziehungen zwischen Katholiken und Protestanten im Europa des 18. oder 19. Jahrhunderts. Wie tief der Hass der beiden Gruppen füreinander ist, macht ein Zitat aus einer Predigt des schiitischen Glaubensführers Nimr Bakr Al Nimr deutlich, der nach dem Tod des (sunnitischen) saudischen Kronprinzen Nayif Abd al Asis Folgendes zu sagen hatte: »Wo ist Nayifs Armee jetzt? Wird sie ihm vor den Engeln des Todes schützen? Wo sind seine Geheimdienste? Wo sind seine Offiziere? Können sie ihn vor dem Todesengel schützen? Er wird von Würmern verzehrt werden und in seinem Grab die Qualen der Hölle erleiden. [...]« Der Imam Hussein sagte: »Niemand, der Blut vergießt, kommt ins Paradies. [...] Manche sagen, man soll nicht schlecht über Nayif sprechen weil er tot ist. Seid ihr dumm? Seht ihr nicht, dass der Koran sagt: ›An diesem Tag sollen die Gläubigen frohlocken?‹ Warum sollen wir uns nicht über den Tod eines Mannes freuen, der unsere Kinder eingekerkert und ermordet hat? Dies ist ein Mann der Angst und Schrecken verbreitete, also warum nicht sich freuen? Lob sei Allah! Möge er ihr Leben nehmen, einer nach dem anderem – von den Dynastien des Sauds und Khalifas [...]«.[2]

---

[1] URL: http://www.fpri.org/orbis/5302/helfont.muslimbrotherhood.pdf (22.04.2013).
[2] URL: http://www.memri.org/report/en/print6570.htm (22.04.2013).

Arabische Staaten wie Saudi-Arabien sind mehrheitlich sunnitisch, beherbergen jedoch oft schiitische Minderheiten, deren geografische Verbreitung Abdallah II. als »Halbmond« nachzeichnete. Wie sich aus der Rede Nimrs leicht nachvollziehen lässt, betrachtet nicht nur der König Jordaniens die über Jahrhunderte marginalisierten, unterdrückten und unzufriedenen schiitischen Minderheiten als existenzielle Gefahr: Sunnitische Herrscher in Bahrain, Libanon, Ägypten, Kuwait und andernorts fürchten sie nicht bloß aufgrund der religiösen Unterschiede. Sie verdächtigen Schiiten, als »fünfte Kolonne« im Dienst des Iran zu agieren. Prediger wie Al Nimr werden deswegen von Inlandsgeheimdiensten emsig verfolgt.

Sunnitische Herrscher in Bahrain, Libanon, Ägypten und Kuwait verdächtigen Schiiten, als »fünfte Kolonne« im Dienst des Irans zu agieren.

2. Der iranische Einfluss

Diese Sorge vor iranischer Einmischung in innere Angelegenheiten ist keine Paranoia. Die blutige Verhaftung Al Nimrs durch die saudische Polizei kommentierte der iranische Parlamentarier Mohammed Bayatian mit den Worten: »Das ist der Anfang vom Ende des Regimes der Sauds, und der Beginn der Volksherrschaft in Saudi-Arabien.«[3] Doch die Angst vor dem Iran nährt sich nicht nur von Worten. Erdöl ist nur augenscheinlich das wichtigste Exportgut der islamischen Republik Iran. Im März 2011 skizzierte der damalige iranische Präsident Mahmud Ahmadinedschad die zwei Hauptanliegen seiner Außenpolitik: »Ein islamisches Erwachen findet in der ganzen Welt statt«, sagte er. »Der Iran hat zwei globale Aufgaben: Als Beispiel zu fungieren, und die göttlichen Ideen so weit wie möglich zu verbreiten.«[4] Damit meinte er das Regierungssystem des *Welayat al Faqi* – die Herrschaft der Korankundigen. Dieses Regierungssystem will Teheran in die muslimische Welt exportieren – sehr zum Unmut arabischer Herrscher, die zum ersten Opfer dieses Exports würden. Das Mullah-Regime fördert deswegen extremistische Organisationen wie das *Qazali*-Terrornetzwerk und die *Badr*-Brigaden im Irak, die schiitischen Milizen im Irak, die *Houthi*-Rebellen im Jemen, die *Hisbollah* im Libanon, oder die *Hamas* und den Islamischen *Dschihad* in Palästina, um sein Gedankengut zu verbreiten. Doch es geht um mehr als nur Ideologieexport. Ahmadinedschad hatte weitere Ambitionen: »Es ist jetzt klar, dass, wer den Nahen Osten beherrscht, die ganze Welt regieren kann«, sagte Ahmadinedschad im Januar 2009 anlässlich des 30. Jahrestages der islamischen Revolution.[5] Er ließ keinen Zweifel daran, dass seiner Meinung nach der Iran die Aufgabe einer globalen Führungsmacht übernehmen

[3] URL: http://www.memri.org/report/en/print6570.htm (22.04.2013).
[4] URL: http://www.presstv.ir/detail/169181.html (22.04.2013).
[5] URL: http://www.jpost.com/Iranian-Threat/News/Whoever-controls-ME-can-rule-world (22.04.2013).

sollte, zumal er fast monatlich den Untergang der USA heraufbeschwörte. Trotz erheblicher sozialer Probleme im Inland begnügte er sich nicht mit Worten, sondern betrieb einen erheblichen Aufwand, um prowestliche Regime in Nahost zu destabilisieren. Die *Al-Quds*-Brigade, der außenpolitische Arm der iranischen Revolutionswächter (*Pasdaran*)[6], finanzierte regimefeindliche Islamisten in der gesamten Region, bildete und rüstete sie aus. Besonders erfolgreich war diese Taktik in Palästina und im Libanon, wo *Hamas* und *Hisbollah* zu staatstragenden Organisationen wurden.

Eine muslimische Führungsrolle des Iran ist aus arabischer Sicht jedoch höchst problematisch. Zum einen sind Iraner nicht Araber, sondern Perser, was sie ohnehin suspekt erscheinen lässt. Zudem ist die Bevölkerungsmehrheit der islamischen Republik auch noch schiitisch. Spätestens in den Veröffentlichungen von *Wikileaks* wurde klar, dass die Theorie des *Hilal a-Schi'i* im Verbund mit dem iranischen Atomprogramm das Weltbild der Herrscher im Nahen Osten bestimmt. Schon kurz nach der Machtübernahme Ahmadinedschads im Jahr 2005 warnten Militärs der Vereinten Arabischen Emirate, dass Irans neuer Präsident »verrückt« sei. Im Jahr darauf riet der Generalstabchef Abu Dhabis den USA, innerhalb eines Jahres militärisch gegen Teheran vorzugehen. Sein Kronprinz »beschrieb einen baldigen konventionellen Krieg als deutlich bessere Alternative gegenüber den langfristigen Folgen eines atomar bestückten Irans.«[7] Saudi-Arabiens Botschafter in den USA riet »militärischen Druck nicht vom Tisch zu nehmen«, und König Abdallah forderte wiederholt, den Iran anzugreifen, um »den Kopf der Schlange abzuschlagen«. Noch im Mai 2009 sagte der König von Bahrain, dass Irans Atomprogramm »unbedingt gestoppt werden muss. Der Preis, den Iran aufzuhalten, ist kleiner als der, ihn gewähren zu lassen«.[8]

Dieser Kampf der Titanen – die USA und ihre Verbündeten auf der einen Seite gegen den Iran und seine Anhänger auf der anderen – spiegelte sich in jedem lokalen Konflikt. Im Libanon, Irak, Jemen oder Palästina wurden die Kräfte entlang einer Skala eingeordnet, deren Pole von Washington und Teheran gebildet wurden. In Ramallah rang die prowestliche Palästinensische Autonomiebehörde (PA), getragen von Steuergeldern der EU und den USA, gegen die radikal-islamische *Hamas*, die sich in Gaza dank Zuwendungen aus dem Iran hielt; im Libanon kämpft das prowestliche Lager des 14. März Saad Hariris gegen das Lager des 8. März, das von der *Hisbollah*-Miliz geführt wird, dem langen Arm der *Pasdaran*. Der Arabische

---

[6] URL: http://de.wikipedia.org/wiki/Iranische_Revolutionsgarde (25.04.2013).

[7] URL: http://www.nytimes.com/2010/11/29/world/middleeast/29iran.html?pagewanted=all&gwh=DC62584BA0421FA7493D0602D43D995A (22.04.2013).

[8] Ebd.

Frühling hat dieses Kräfteparallelogramm völlig verändert. Es begann mit der Schwächung des proamerikanischen Lagers. Die Kriege in Afghanistan und Irak, in denen US-Truppen ein Jahrzehnt lang ausbluteten, haben das Image der unbesiegbaren Supermacht ausgehöhlt. Auch der Sieg der *NATO* in Libyen kann nicht darüber hinwegtäuschen, dass es den USA im Augenblick unmöglich ist, militärisch weitere Unternehmungen auch nur anzudenken, zumal die Wirtschaftskrise die Macht der USA weiter bedroht. Prowestliche Herrscher wie Tunesiens Ben Ali oder Jemens Präsident Saleh wurden zum Rücktritt gezwungen. Ägypten spielt als bevölkerungsreichster arabischer Staat eine Schlüsselrolle. Präsident Hosni Mubarak befehligte die modernste und schlagkräftigste arabische Armee und regierte einen Staat, der sich selbst als »Nabel der arabischen Nation« versteht. Sein Wort hatte Gewicht.

Der Kampf der Titanen spiegelte sich in jedem lokalen Konflikt.

Im ersten Golfkrieg, im Libanon, im innerpalästinensischen oder im israelisch-palästinensischen Konflikt vermittelte Mubaraks Ägypten zwischen dem Westen und patriotischen Arabern. Der Frieden mit Israel überdauerte zwei Intifadas und zwei Kriege, die Beziehung zum Westen die Invasionen Afghanistans und Iraks, Bombardements in Libyen und gezielte Tötungen im Jemen. Mubarak handelte sicher nicht aus Liebe, dennoch war sein Sturz der bisher schwerste Schlag für das prowestliche Lager.

3. Schwindender Einfluss der USA

Washington verlor durch den Machtwechsel in Kairo an Gewicht: »Die USA haben keinen Einfluss mehr – weder in Jerusalem, noch bei den Palästinensern«, klagte unlängst der frühere US-Präsident Jimmy Carter.[9] Es ist der vorläufige Tiefpunkt eines langfristigen Prozesses: So wollte es US-Präsident Barack Obama während seiner gesamten Amtszeit nicht gelingen, Israelis und Palästinenser an den Verhandlungstisch zu bringen, obschon er von Anfang an großes politisches Kapital in den Friedensprozess investiert hatte. Der Umstand, dass Israels Premier Benjamin Netanjahu Obamas Forderungen nach einem Siedlungsbaustopp trotz erheblichen Drucks erfolgreich die Stirn bot, erzeugte in der arabischen Welt den Eindruck, dass die USA es nicht verstehen, ihre Hebel richtig anzusetzen. Dass selbst Israel, das diplomatisch und militärisch von Washington abhängig ist, Obamas Bitten ignorieren konnte, ohne dafür einen Preis zu zahlen, ermutigte auch andere Akteure, den USA zu trotzen. Die Weigerung des palästinensischen Präsidenten, sich mit Netanjahu an einen Tisch zu setzen, ist nur ein Beispiel; die Waffenlieferungen des Iran an Syrien ein weiteres. Immer wieder ignorierte Bagdad die Forderungen aus Washington, iranische Flüge nach Syrien zu stoppen oder zumindest zu inspizieren. Der Irak folgte dem amerikanischen Aufruf nur zweimal und das noch auf

[9] URL: http://nachrichten.rp-online.de/politik/obama-ohne-friedensinitiative-in-israel-1.3272925 (22.04.2013).

eine Weise, die wie Hohn anmuten muss. Irakische Beamte untersuchten ein Flugzeug, das sich auf dem Rückflug aus Damaskus befand, und gaben bekannt, dass sich – wie nicht anders zu erwarten – keine Waffenlieferung an Bord befände. Der Rückgang des amerikanischen Einflusses in Kairo wurde auch beim neuesten Waffengang zwischen Israel und der *Hamas* in Gaza im November 2012 deutlich. Statt wie Mubarak in der Vergangenheit Druck auf die Islamisten auszuüben, erwies Ägypten sich unter dem neuen Machthaber Muhammad Mursi als strategischer Partner der *Hamas*. Die Öffnung der Grenze für hochrangige Besuche in Gaza und das Auftreten als Garant verbesserter Konditionen für einen Waffenstillstand halfen zwar, den Konflikt zu deeskalieren. Gleichzeitig stärkten sie aber der *Hamas* den Rücken: Die Islamisten konnten als Sieger des Waffengangs auftreten, wurden im inner-palästinensischen Machtkampf gestärkt, und erhielten dank Ägyptens erstmals internationale Anerkennung. Damit ist der israelisch-amerikanische Versuch, die Islamisten durch Boykott und Belagerung zum Einlenken zu zwingen, kläglich gescheitert.

4. Strategische Neuorientierung des Irans

Eigentlich müsste der Iran als Gegenspieler der USA als großer Gewinner dieser Entwicklung dastehen. Teherans Atomprogramm marschiert unbeirrt weiter voran, während Amerikas Einfluss und militärische Optionen dahinschwinden. Kein Wunder also, dass die Mullahs zu Beginn des Arabischen Frühlings frohlockten. Doch sie irrten sich, denn die Welle des Volkszorns schwemmte nicht nur prowestliche Potentaten von dannen, sie brach über Syrien herein und droht nun, Präsident Baschar al Assad hinwegzureißen. Said Jalili, enger Berater von Irans »Höchstem Führer« Ayatollah Ali Khamenei, übernahm bei einem Blitzbesuch in Damaskus im Sommer 2012 scheinbar Abdallahs II. Lesart der Entwicklungen in Nahost: »Was hier in Syrien geschieht, ist keine innere Angelegenheit, sondern ein Konflikt zwischen der Achse des Widerstands und ihren Feinden in der Region und in der Welt«, sagte Jalili.[10] Denn Syrien spielt in Irans Plänen für den Nahen Osten eine Schlüsselrolle. Der Flughafen von Damaskus war Hauptumschlagplatz für zehntausende Raketen, mit denen der Iran die *Hisbollah* ausstattete. Von Syriens Hauptstadt aus dirigierten palästinensische Terrororganisationen Attentate, um den Friedensprozess mit Israel zu torpedieren. Die Grenze zum Irak war Nachschublinie der Kämpfer, die Amerikas Bemühungen, Mesopotamien zu stabilisieren, sabotierten. Für den persischen, schiitischen Iran war Syrien der Brückenkopf im sunnitischen Arabien.

[10] URL: http://www.aljazeera.com/news/middleeast/2012/08/201287214436316342.html (22.04.2013).

Genau wie Teheran wissen auch dessen sunnitischen regionalen Gegenspieler wie die Türkei, Saudi-Arabien, Ägypten und Katar, dass es für den Iran keine außenpolitische Alternative zum Knotenpunkt Damaskus gibt. Deswegen liefert Riad Syriens Opposition Waffen, gewährt Ankara den Rebellen Unterschlupf, trägt Katar die Kosten des Kriegs: So lässt sich die Macht der Ayatollahs in der gesamten Region am schnellsten brechen. Nachdem die Revolutionswächter jahrzehntelang Regime mit Hilfe von Terrorgruppen destabilisierten, wird Teheran nun von seinen eigenen Praktiken heimgesucht. »Diejenigen, die glauben, sie kauften ihre eigene Sicherheit, indem sie Waffen und Terror exportieren, liegen falsch«, sagte Jalili und hatte Recht, nur genau andersherum, als er meinte.[11] Irans Strategie steckt in einer Sackgasse. Iran kann seine Verbündeten ohne Assad kaum noch unterstützen, im Libanon regen sich bereits Feinde der *Hisbollah*. Teheran verliert jeden Tag, an dem Assad mordet und dennoch schwächer wird, Abschreckung und Einfluss. Noch vor vier Jahren waren Assad, Ahmadinedschad und *Hisbollah*-Chef Hassan Nasrallah die beliebtesten Politiker im arabischen Raum. Zwischen 70 bis 90 Prozent der Araber hatten ein positives Bild von ihnen. Sie galten als authentische Vertreter des Widerstands gegen westlichen Imperialismus. Doch nach der grausamen Niederschlagung von Protesten nach den Wahlen im Iran 2009 und dem brutalen Vor-

Treffen zwischen dem syrischen Präsidenten Bashar Assad und Saeed Jalili am 03.02.2013 in Damaskus

[11] Ebd.

gehen Assads in Syrien, bei dem ihm Nasrallah tatkräftig Unterstützung leistete, gehören sie inzwischen zu den unbeliebtesten Politikern der Region. In einer Studie des *Arabischen Amerikanischen Instituts* vom Juli 2011 hatten nur noch 27,5 Prozent der Araber ein positives Bild vom Iran. Die Ayatollahs wollen nicht tatenlos zusehen, wie ihre Investitionen und Strategien scheitern, und versuchen, Verluste mit bedrohlicher Rhetorik wettzumachen. Jalili warnte im Klartext: »Iran wird in keiner Form einen Zusammenbruch dieser Achse, von der Syrien ein wesentlicher Teil ist, hinnehmen.«[12] Teheran droht der Türkei, Israel und den USA offen mit »Konsequenzen« im Falle einer Einmischung in Syrien. Jalilis Sprachgebrauch ähnelt zunehmend Teherans Wortwahl zum Atomprogramm. In einer ohnehin instabilen Region fühlt sich der Iran bedroht und isoliert. Er könnte sich deshalb gezwungen sehen, Heil in der Beschleunigung des Atomprogramms zu suchen. Laut Berichten amerikanischer und israelischer Geheimdienste ist das bereits der Fall.

Gleichzeitig verfügt der Iran bereits über nicht-konventionelle Möglichkeiten der Kriegsführung. Mit Hilfe von Terrorattentaten auf dem ganzen Globus versucht er seine Gegner daran zu erinnern, dass Teheran trotz seiner Schwäche ein Akteur ist, der im Nahen Osten beachtet werden will. Ein Gerichtsverfahren in Zypern bot Anfang 2013 seltenen Einblick in die Arbeitsweise der *Hisbollah*, dem langen Arm der *Pasdaran*. Der 24 Jahre alte Libanese Hussam Taleb Yaacoub wurde dort beschuldigt, Zypern ausspioniert zu haben, um so Attentate auf israelische Touristen vorzubereiten. Der Prozess begann nur wenige Tage, nachdem Bulgarien ebenfalls die *Hisbollah* für ein Attentat in Burgas verantwortlich gemacht hatte. Bei diesem kamen im Sommer 2012 fünf israelische Touristen und ein Busfahrer ums Leben. Die genannten Vorfälle sind Teil einer ganzen Reihe von Attentaten oder Attentatsversuchen auf israelische Ziele weltweit. Schon im Mai 2011 hatte eine Bombe in Istanbul acht Personen verletzt. Ihr Ziel soll angeblich der israelische Konsul gewesen sein. Im Januar 2012 wurden zwei Azeris[13] angeklagt, eine jüdische Schule angreifen zu wollen. Einer von ihnen war im Iran wohnhaft. Einen Monat darauf klebte in Delhi ein Motorradfahrer eine Bombe an das fahrende Auto einer israelischen Diplomatin. Vier Menschen wurden durch die Explosion verletzt. Eine ähnliche Bombe wurde zeitgleich unter einem Wagen der israelischen Botschaft in Georgien gefunden und entschärft. Die Spuren führten in den Iran. Wenige Tage später zündeten drei Iraner in einer Wohnung in Bangkok irrtümlicherweise mehrere Bomben, die gegen israelische Diplomaten in Thailand zum Einsatz kommen sollten. Im Sommer desselben Jahres wurden in Nairobi zwei Iraner verhaftet, nachdem sie versucht

[12] Ebd.
[13] Einwohner von Aserbaitschan.

hatten, 15 Kilogramm Sprengstoff durch den Hafen von Mombasa einzuschmuggeln. Sie hatten zuvor die israelische Botschaft und eine Synagoge ausgekundschaftet. Die vorerst neueste Entwicklung war ein Gerichtsprozess gegen eine iranische Terrorzelle in Nigeria. Die dortigen Behörden warfen den Angeklagten vor, amerikanische und israelische Ziele in Lagos angreifen zu wollen, darunter auch eine Synagoge. Im April 2013 wurde in Nepal ein Iraner verhaftet, der mit einem gefälschten israelischen Pass Israels Botschaft in Kathmandu ausspionieren und Attentate auf israelische Touristen vorbereiten wollte.[14]

An dieser Taktik ist nichts neu. Bis zu den Attentaten der *Al-Qaida* auf die USA im Jahr 2001 hatte die *Hisbollah* mehr US-Bürger getötet als jede andere Terrororganisation auf der Welt. Dabei war sie in den USA bei Weitem nicht so aktiv wie in Europa. Glaubt man israelischen und amerikanischen Geheimdienstlern, dann unterhalten *Hisbollah* und der Iran in Europa tausende Agenten in Schläferzellen. Laut Bericht des deutschen Verfassungsschutzes aus dem Jahr 2011 agieren allein in Deutschland 950 *Hisbollah*-Aktivisten. Israelische Experten schätzen die Dunkelziffer vier- bis fünfmal so hoch. Laut Bericht vermittelt der »bundesweit tätige Spendensammel-Verein ›Waisenkinderprojekt Libanon e.V.‹ (WKP) u.a. Patenschaften für Waisenkinder im Libanon, deren Angehörige im Kampf gegen Israel gestorben sind.«[15] Das Geld fließe an die »Märtyrer-Stiftung« im Libanon. Die Hilfe aus Deutschland fördere »den bewaffneten Kampf gegen Israel«, so der Bericht. Für die Kämpfer sei das Bewusstsein, dass Hinterbliebene finanziell abgesichert sind, »eine unterstützende Motivation, ihr Leben im Kampf gegen Israel zu opfern«.

Nicht nur gegenüber der EU, mit der es einerseits Handel und akademischen Austausch betreiben will und der es andererseits mit Terror droht, auch gegenüber den arabischen Staaten verfolgt Teheran inzwischen eine zweigleisige Politik von Zuckerbrot und Peitsche. Nach Jahrzehnten offener Feindschaft mit Kairos prowestlichem Regime wünschten die Ayatollahs sich jetzt eine Annäherung zum Regime der Muslimbrüder in Kairo, wie der historische Staatsbesuch Ahmadinedschads in Ägypten dokumentierte. Dort bot er dem fast bankrotten Regime finanzielle Hilfe an – was Kairo voller Misstrauen ablehnte. Salafisten kritisierten die Muslimbrüder umgehend dafür, dass sie »die religiösen Differenzen zu den Schiiten ignorierten«. Der Vorsitzende der salafistischen *Dawa*, Jasser Borhami, sagte, er befürchte »eine kulturelle iranische Invasion« und eine Wiederbelebung »der Blas-

[14] URL: http://www.jpost.com/International/Iranian-using-fake-Israeli-passport-arrested-in-Nepal-310702 (22.04.2013).

[15] Siehe unter: URL: http://www.verfassungsschutz.de/de/oeffentlichkeitsarbeit/publikationen/verfassungsschutzberichte/vsbericht-2011 (22.04.2013).

phemie«. Nur kleine Touristengruppen würden fortan ins Land gelassen, gelobte daraufhin Tourismusminister Hischam Zazou nach der Unterschrift eines entsprechenden Abkommens. Ferner würden sie an keinen religiösen Stätten Halt machen, beteuerte der Minister. Doch schon kurz nach der Wiederaufnahme der touristischen Beziehungen zwangen Demonstrationen Kairo dazu, die Flugverbindung bis auf Weiteres wieder einzustellen.[16]

Gleichzeitig verschärfte Teheran aber auch die Gangart gegen arabische Golfanrainer, Amerikas Verbündete. Iranische Parlamentarier, Militärs und staatliche Medien sprechen vor dem Hintergrund schiitischer Proteste in Saudi-Arabien, Bahrain und andernorts immer häufiger vom baldigen Untergang des saudischen Königshauses. Manama vermutet ohnehin iranische Agenten hinter den Aufständen im eigenen Land, und erklärte die libanesische *Hisbollah*-Miliz wegen des Verdachts, hinter den Unruhen zu stehen, im März 2013 zu einer Terrororganisation.[17] Im Februar wurde hier zudem eine vermeintliche Terrorzelle aufgedeckt, die das Land im Auftrag der Revolutionswächter ausspionieren und Attentate auf Regierungsbeamte, den Flughafen und Ministerien vorbereiten sollte.[18] Eine ähnliche Zelle wurde angeblich einen Monat später von Sicherheitsdiensten in Saudi-Arabien ausgeschaltet. Für die konservativen Verbündeten der USA geht aber längst nicht mehr nur vom iranischen Lager Gefahr aus: Sie fürchten inzwischen auch die Folgen von Ägyptens Revolution. Dubais Polizeichef Hani Khalfan warnte vor »hunderten Muslimbrüdern«, die in den Golfanrainern Umstürze planten: »Je mehr Geld wir in westliche Banken investieren, desto größer werden die Komplotte, unsere Staaten zu übernehmen«, sagte Khalfan 2012.[19] Khalfans Aussage ist nur ein Hinweis darauf, dass das Modell des »schiitischen Halbmonds« schon fast obsolet geworden ist. Im iranischen Lager werden genauso tiefe Risse sichtbar wie im prowestlichen. Selbst Hilfsempfänger wie die *Hamas* weigern sich, Assad moralische Rückendeckung zu geben. Angesichts der anhaltenden Proteste geht die *Hamas* auf Nummer sicher: Sie will nicht einen unpopulären, grausamen und ewig gestrigen Diktator unterstützen, und ist deswegen bereit, empfindliche Kürzungen in den bisher stattlichen Zuwendungen aus Teheran in Kauf zu nehmen. Auch an anderen Schauplätzen, wie in Bahrain, haben die Mullahs ihren Einfluss überschätzt und empfindliche Rückschläge erfahren. Dem Iran hat die Arabellion also ebenso geschadet wie dem Westen.

---

[16] URL: http://www.reuters.com/article/2013/04/08/us-egypt-iran-idUSBRE9370AB20130408 (22.04.2013).

[17] URL: http://www.timesofisrael.com/bahrain-declares-hezbollah-a-terrorist-organization/(22.04.2013).

[18] URL: http://www.jpost.com/Features/Front-Lines/Irans-silent-war-in-the-Gulf-308735 (22.04.2013).

[19] URL: http://www.jpost.com/Middle-East/Muslim-Brothers-plotting-overthrow-of-Gulf-states (22.04.2013).

5. Neue Kräfte im arabischen Raum

Weder der Iran noch die USA bestimmten letztlich die Geschicke in Bahrain. Teheran konnte den sunnitischen Diktator nicht mit einer Rebellion der schiitischen Bevölkerungsmehrheit zu Fall bringen und Washington den Herrscher am Ankerplatz der Fünften Flotte nicht dazu bewegen, auf die Forderungen der Demonstranten einzugehen. Das kleine Königreich am Persischen Golf wurde damit zu einem der zahlreichen Beispiele dafür, wie die Region sich angesichts der Schwäche Washingtons und Teherans neu orientiert. Neue Kräfte füllen das Machtvakuum: Im Falle Bahrains marschierte Saudi-Arabien ein und schlug den Aufstand gewaltsam nieder. Saudi-Arabien bildet den ersten Schenkel, die Türkei und Ägypten bilden die anderen zwei Seiten des sunnitischen Dreiecks, das künftig die Geschicke der Region bestimmen will. Ankara, Kairo und Riad verfolgen zum Teil konvergierende Interessen mit zunehmender Entschlossenheit und Selbstbewusstsein. Sie bekämpfen die hegemonischen Ansprüchen Irans, und rücken zu diesem Zweck immer enger zusammen, weil sie Teheran allein unterlegen wären. Gleichzeitig stehen ihre Bevölkerungen den USA misstrauisch bis feindlich gegenüber. In einer Ära, in der die öffentliche Meinung eine wachsende Rolle spielt, müssen populistische Regimes deswegen auf Äquidistanz zu Washington und Teheran gehen. Ein Ausdruck dieses neuen Kurses ist die zunehmend israelfeindliche Haltung Ankaras und Kairos. Saudi-Arabien rebellierte mit dem Einmarsch in Bahrain bisher am deutlichsten gegen die Anweisungen aus Washington.

Doch die Saudis betreiben hinter den Kulissen eine Politik, die dem Einfluss Obamas entgegenwirken soll, der ihrer Meinung nach gefährliche Reformen fördert. So wurde im Mai 2012 Jordanien und Marokko überraschend eine Mitgliedschaft im *Golfkooperationsrat (GCC)* in Aussicht gestellt. Bisher galt das 1981 gegründete Gremium als exklusiver Club der sechs reichen Golfanrainer Saudi-Arabien, Bahrain, Kuwait, den Vereinigten Arabischen Emiraten, Katar und Oman. Innerhalb des *GCC* flossen in vergangenen Monaten Milliardensummen, um soziale Proteste in den Mitgliedstaaten einzudämmen. Allein Oman und Bahrain erhielten mehr als zwanzig Milliarden US-Dollar. Im Inland ließ der saudische König Abdallah sich die Sympathie seiner Bürger ebenfalls viel kosten: Er besänftigte ihren Ärger mit staatlichen Zuwendungen in der Höhe von rund 1.300 US-Dollar pro Kopf. Doch bei einer Jugendarbeitslosigkeit von etwa vierzig Prozent bleibt die Spannung im Inland bestehen. Junge Saudis suchen in der Region nach Beispielen, wie ähnliche Probleme angegangen werden. Außenpolitisch könnte ein erweiterter *GCC* mit insgesamt 77 Millionen Einwohnern erstmals ein wahres Gegengewicht zum Iran bilden. Er würde zwanzig Prozent aller Araber beherbergen, die sechzig Prozent des regionalen Bruttosozialprodukts erwirtschaften. Die geplante Aufnahme der zwei anderen arabischen Monarchien soll aber vor allem die Königshäuser Ammans und Marrakeschs vor Reformierungsdruck schützen. Damit wird ein innenpolitisches Ziel verfolgt: Umwälzungen in den wirtschaftlich schwachen Monarchien sollen nicht zum Exempel für Revolutionen im *GCC* werden. Jordanien wird zum »Schlachtfeld« der divergierenden Weltanschauungen Washingtons und Riads. Im Mai 2011 versprach Obama Jordanien Subventionen in der Höhe von rund einer Milliarde US-Dollar und fünfzigtausend Tonnen Weizen, falls Abdallah II. an Reformen festhalte. Im Jahr 2012 überwies Washington insgesamt 760 Millionen US-Dollar nach Amman – davon dreihundert Millionen in der Form von Militärhilfe. Bei seinem Besuch im März 2013 sagte US-Präsident Barack Obama weitere Hilfe in der Höhe von zweihundert Millionen US-Dollar zu, um zu helfen, das syrische Flüchtlingsproblem im Königreich zu bewältigen. Dennoch dürfte angesichts der Wirtschaftskrise im Westen der *GCC* im Ringen um den Fortschritt der Reformen die Oberhand behalten: Jordanien importiert neunzig Prozent seiner Energie und ist auf ausländische Investitionen angewiesen, die inzwischen vorwiegend aus dem reichen *GCC* kommen. Der *GCC* versprach fünf Milliarden US-Dollar in den kommenden fünf Jahren, also Finanzhilfe in ähnlicher Höhe wie das Handelsvolumen Jordaniens mit dem *GCC*, das 2010 bei über fünf Milliarden US-Dollar lag, mit den USA hingegen bei nur rund zwei Milliarden US-Dollar. Etwa sechshunderttausend Jordanier arbeiten rund um den Golf und helfen so, die Armutsrate im haschemitischen Königreich bei 13,3 Prozent zu halten. Die Saudis greifen auch direkt ein: 2011 spendeten sie Amman fast 1,5 Milliarden US-Dollar, unlängst weitere vierhundert Millionen US-Dollar direkte Haushaltshilfe.

Viel offensichtlicher sind die Merkmale der »neuen Nahostpolitik« in Ankara, das inzwischen als regionale Großmacht auftritt. Zum einen verschärft die Türkei den Ton gegenüber dem Iran. Die Stationierung eines *NATO*-Radars löste dort großen Unmut aus. Gleichzeitig verwandelte Erdoğan sich vom besten Freund Syriens zum wichtigsten Widersacher Assads. Er gewährt syrischen Oppositionellen Asyl, lässt sie Assad-feindliche Kongresse abhalten und beherbergt den ranghöchsten Deserteur der syrischen Armee. Aus der Sicherheit seines türkischen Exils ruft Colonel Riad al Asaad offen zur Meuterei auf. Erdoğans Äußerungen enthalten unverhüllte Drohungen an Damaskus und Teheran, was diese mit ähnlicher Rhetorik quittieren. Ankaras Kooperation mit Teheran gegen den kurdischen Untergrund im Nordirak wurde durch Friedensverhandlungen mit der *Kurdischen Arbeiterpartei PKK* ersetzt. Paradoxerweise schickt Erdoğan sich nun scheinbar an, zum Schutzherrn kurdischer Autonomie in Syrien und Irak zu werden, als Puffer gegen schiitische und radikal-islamische Gruppen an seiner Grenze. Um sein Ansehen in der

Offensichtlicher sind die Merkmale der »neuen Nahostpolitik« in Ankara, das inzwischen als regionale Großmacht auftritt.

arabischen Welt zu bewahren, hetzt er gleichzeitig gegen Washingtons Schützling Israel. Auch anderen *NATO*-Mitgliedern wird er ungeheuer. Im Streit um Gasvorkommen im östlichen Mittelmeer stößt er martialische Drohungen an Zypern aus und bereitet damit Athen große Sorgen. Außenminister Ahmet Davutoğlu fasste September 2011 Ankaras neue Strategie in einem Interview mit der *New York Times* in klare Worte: »Die Türkei sitzt genau in der Mitte«, sagte er zur strategischen Lage seines Landes, nachdem Erdoğan in Kairo elf Verträge zur strategischen Kooperation unterzeichnet hatte. Ein Bündnis mit Ägypten forme aus den beiden bevölkerungsreichsten und militärisch stärksten Ländern der Region eine »neue Achse der Macht« in einer Zeit, in der Amerikas Einfluss abnehme. »Das ist, was wir wollen«, so Davutoğlu.[20]

Dass Kairo dabei mitspielt, ist ein direktes Resultat des Arabischen Frühlings. Mubarak betrachtete die Türkei als Konkurrenten und wollte sie aus der Region heraushalten. Dem Gedanken des »schiitischen Halbmonds« treu, isolierte er *Hamas* und *Hisbollah*, unterstützte Amerikas Verbündete gegen den Iran. Doch die Muslimbrüder fuhren einen neuen Kurs. Sie näherten sich deutlich der *Hamas* an, schlugen gegenüber dem Iran einen versöhnlichen, gegenüber Israel einen schärferen Ton an.

6. Das neue sunnitische Dreieck

Das sunnitische Dreieck aus Saudi-Arabien, Ägypten und Türkei, und in geringerem Maße auch Katar, dass dank seiner großen Geldreserven auf der internationalen Bühne mitspielt, verfolgt gleichzeitig zwei Hauptziele: Es will den Iran und die USA als Großmächte in der Region ablösen. Der Kitt dieses Bündnisses ist ihre Ablehnung ausländischen Einflusses, die von den Bevölkerungen der gesamten Region geteilt wird. Es tritt als authentischer Vertreter sunnitischer, nahöstlicher Interessen auf. Dennoch handelt es sich um alles andere als einen monolithischen Block. Jeder Mitgliedstaat sieht sich selbst als regionale Führungsmacht mit historischer und religiöser Legitimation und will als Modell für die gesamte Region gelten. Saudi-Arabien und die Türkei bilden dabei die extremen Pole: Riad vertritt als Hüter der Heiligen Stätten das Vorbild eines extremistischen, islamischen Staates. Die Macht der Saudis rührt vor allem von ihrem Reichtum, der sie für viele verarmte arabische Staaten mit einer religiösen Bevölkerung, wie Jordanien oder Ägypten, zu einem attraktiven Bündnispartner macht. Nicht zufällig vermuten viele einen saudischen Einfluss hinter den Erleichterungen, die Mubarak während seines Gerichtsprozesses

[20] URL: http://www.nytimes.com/2011/09/19/world/middleeast/turkey-predicts-partnership-with-egypt-as-regional-anchors.html (22.04.2013).

zuteilwurden, und hinter reaktionären Kräften in der gesamten Region. Die Türkei bildet dazu einen Gegenpol mit offenem Bekenntnis zur Demokratie und einem Islam, der in einen säkularen Staat eingebettet ist und eine moderne Wirtschaft aufbaut. Erdoğan wird von vielen Arabern bewundert, für sein militantes Auftreten gegenüber Israel, seine proislamische Haltung und die blühende Wirtschaft der Türkei. Doch auch seine *Soft-Power* ist begrenzt. Noch während seines Besuchs in Kairo erntete er von seinen glühenden Fans in der Muslimbruderschaft Kritik, als er die Türkei als nachahmenswertes Modell für das post-revolutionäre Ägypten vorschlug. Man wünscht sich die Türkei als Partner, fürchtet jedoch Erdoğans ambitiösen Neo-Osmanismus. Ägypten wird scheinbar auf Dauer das schwächste Glied in der Kette bleiben: Das Regime ist unstabil, die Wirtschaft liegt brach, wichtige Fragen wie die Rolle des Militärs oder des Islams in der Gesellschaft bleiben ungeklärt. Dennoch betreibt Kairo längst eine eigenständige Politik, die Washingtons Geheiß nicht zwingend folgt. Als bevölkerungsreichster arabischer Staat mit einer stolzen Geschichte bleibt Kairo dennoch ein begehrter Bündnispartner, denn die Akteure, die die Ereignisse im Nahen Osten beeinflussen wollen, betrachten Kairo als wichtigen Präzendenzfall. Die Entwicklungen hier, so meinen beispielsweise Staaten wie Saudi Arabien, Katar, die Türkei, der Iran oder die USA, könnten richtungsweisend für die gesamte Region sein. So versuchte Katar, das von Libyen bis nach Syrien Islamisten in der gesamten Region unterstützt, die Regierung der Muslimbrüder mit Geldgeschenken über Wasser zu halten. Die Saudis und Kuwait hingegen, die Angst vor islamistischen Oppositionsbewegungen daheim haben, sprangen nach dem Sturz von Präsident Muhammad Mursi mit Milliardenhilfe in die Bresche, um reaktionäre Kräfte in Ägypten zu stabilisieren.

Das bipolare Modell, in dem der Iran eine Hauptrolle im Nahen Osten spielte, wird so zunehmend durch eine tripolare, wenn nicht multipolare Welt ersetzt. Die USA verbleiben – trotz ihrer momentanen Schwäche – ein wichtiger Faktor, ebenso Teheran, das in Syrien um seine außenpolitischen Doktrinen kämpft. Auf den Schlachtfeldern Syriens, Bahrains und andernorts begegnen sie dem losen Bündnis des sunnitischen Dreiecks, das selber ein hohes inneres Konfliktpotenzial mitbringt. Der Zusammenhalt dieser losen Koalition wird maßgeblich durch äußere Faktoren bestimmt werden: Je mehr der Iran und die USA versuchen, auf die Geschicke der Region Einfluss zu nehmen, desto enger werden diese ungleichen Partner zusammenrücken. Je erfolgreicher das sunnitische Dreieck jedoch ist, desto deutlicher wird das Konkurrenzverhältnis seiner Mitglieder sichtbar werden.

Die Türkei und der Arabische Frühling

Interessengeleiteter Pragmatismus statt Neo-Osmanismus

VON LOAY MUDHOON[1]

Lange vor Ausbruch der Revolutionswelle im Zuge des sogenannten Arabischen Frühlings wurde die mögliche Bedeutung der türkischen Republik als erfolgreiches Beispiel für die Vereinbarkeit von demokratischen Normen, Rechtsstaatlichkeit und islamischer Kultur sowohl von europäischen und amerikanischen Entscheidungseliten als auch von Vertretern eines religiös-demokratischen Konservatismus in der türkischen *AKP*-Regierung[2] hervorgehoben.

Der historische Umbruch im arabischen Raum und die daraus resultierenden Hoffnungen auf demokratischen Aufbruch haben dem Modellcharakter dieses islamischen Sonderfalls eine neue weltpolitische Dimension verliehen. Denn spätestens nach den erdrutschartigen Siegen »moderater« Islamisten-Parteien[3] in den ersten freien Wahlen nach der Arabellion sind diese nicht unproblematischen Akteure von der politischen Landkarte der neuen arabischen Welt nicht mehr wegzudenken. Angesichts der offensichtlichen Schwäche säkular-nationalistischer Parteien dürften diese neuen Machteliten die postrevolutionäre arabische Welt in den nächsten Jahrzehnten entscheidend prägen. Aus diesem Grunde liegt es nahe, dass eine moderne, stabile und von islamisch-konservativen Eliten regierte Türkei als eine Quelle der Inspiration für die sich transformierende arabische Welt fungieren kann. Dies dürfte auch der Grund dafür sein, dass arabische »Neo-Islamisten« auf internationalen Podien und im Gespräch mit ausländischen Beobachtern die Vorbildrolle der Türkei immer wieder betonen.

---

[1] Der Verfasser vertritt in diesem Beitrag ausschließlich seine persönliche Auffassung.

[2] Adalet ve Kalkınma Partisi, Partei für Gerechtigkeit und Entwicklung

[3] Gemeint sind Wahlsiege der Partei Freiheit und Gerechtigkeit der Muslimbruderschaft in Ägypten in den Parlamentswahlen, die zwischen dem 28. November 2011 und Januar 2012 stattfanden, ebenso wie die Wahlsiege der Partei für Gerechtigkeit und Entwicklung (PJD) in vorgezogenen Parlamentswahlen vom 25. November 2011 in Marokko und zuvor der eindeutige Sieg der Ennahda-Bewegung bei der Wahl der Verfassunggebenden Versammlung in Tunesien im Oktober 2011.

Suad Abdelrahim, die einzige weibliche Abgeordnete der im postrevolutionären Tunesien regierenden *Ennahda*-Partei und Leiterin des Ausschusses für Menschenrechte und internationale Angelegenheiten im Übergangsparlament bemerkte dazu: »Die Türkei ist gewiss ein nachahmenswertes Modell für die neue tunesische Demokratie, weil sie von einer islamisch-konservativen Partei regiert wird, welche die Trennung zwischen Staat und Religion respektiert und die partnerschaftliche Zusammenarbeit zwischen dem öffentlichen und privaten Sektor fördert. Dieses Modell inspiriert uns.«[4]

Doch diese plötzliche Begeisterung für die Erfolge der Regierungspartei *AKP*, die inzwischen eine hegemoniale Stellung im türkischen Parteiengefüge besitzt, kann nicht darüber hinwegtäuschen, dass die zweifelsohne bemerkenswerten türkischen Erfahrungen im Umgang mit dem Islamismus sich auf keinen arabischen Umbruchstaat und auch nicht auf deren islamischen (beziehungsweise islamistischen) Akteure übertragen lassen. Eine mögliche Vorbildfunktion der *AKP* ist bereits dadurch eingeschränkt, dass sich die politischen und sozioökonomischen Rahmenbedingungen in der heutigen Türkei von denen in den verschiedenen arabischen Staaten grundlegend unterscheiden.[5]

1. Neuorientierung der türkischen Außenpolitik

Die Türkei als starker und glaubwürdiger Mittler zwischen dem Westen und der islamisch geprägten Welt und als Motor für eine erfolgreiche Modernisierung der Länder des Mittleren Ostens – so beschreibt der türkische Ministerpräsident Tayyip Erdoğan die außenpolitische Rolle seines Landes. Dabei betont der charismatische Politiker Erdoğan, der in den letzten Jahren zur unumstrittenen Führungsfigur in der neuen Türkei avanciert ist, die Vorzüge und besonderen Erfahrungen seines Landes als aufgeklärte, muslimisch geprägte Demokratie: »Die Rolle der Türkei in einem sich wandelnden, unruhigen Nahen Osten ist eng mit ihrer europäischen Orientierung verknüpft. Sie verfügt als demokratisches und säkulares Land mit einer überwiegend muslimischen Bevölkerung, das entschieden für die Prinzipien einer freien Marktwirtschaft eintritt, über einzigartige Erfahrung in der Umsetzung von Reformen.«[6] Die vom türkischen Ministerpräsidenten beschriebene europäische Orientierung und Westbindung seines Landes sind zwar konstitutiv für die außenpolitische Grundorientierung der modernen

[4] Suad Abdelrahim äußerte sich im Gespräch mit dem Verfasser am 08.03.2013 in Tunis.

[5] Zur Vorbildfunktion der türkischen AKP für arabische Islamisten vgl. ausführlich: Mudhoon, Loay: »Die türkische AKP als Vorbild für die arabische Welt?« In: Aus Politik und Zeitgeschichte (APUZ), Bonn, Ausgabe 39-40/2009.

[6] Erdoğan, Tayyip: »Symbol des Wandels«. In: Süddeutsche Zeitung vom 17. Mai 2010. S. 2.

Türkei, doch der signifikante Zuwachs an politischem Gewicht des aufstrebenden Landes sowohl im Nahen Osten als auch auf internationaler Bühne kam erst durch die vom Außenminister Ahmet Davutoğlu eingeleitete Neuausrichtung der Außenpolitik zustande.

Der international angesehene Diplomat, der von einigen amerikanischen *Think Tanks* als »Kissinger der Türkei« bezeichnet wird, verkörpert wie kein Zweiter das neue Selbstbewusstsein des »starken Mannes am Bosporus« und gilt als Architekt der neuen, multidimensionalen türkischen Außenpolitik. In seinem richtungweisenden Werk *Stratejik Derinlik*[7] beschrieb er seine auf maximale Kooperation mit allen Nachbarstaaten abzielende »Null-Problem-Politik« ausführlich. Er bezeichnet seine Strategie selbst als »360-Grad-Außenpolitik«. Damit ist vor allem eine Diversifizierung der türkischen Außen- und Sicherheitspolitik gemeint, die nicht nur in der westlichen Welt durch die *NATO*-Mitgliedschaft und den EU-Kandidatenstatus verankert ist, sondern die muslimischen Staaten wieder stärker einbezieht und sich aktiv und konstruktiv an der Suche nach regionalen Konfliktlösungen und an internationalen Vermittlungsmissionen beteiligt. Die massive Verstärkung türkischer Präsenz weltweit manifestierte sich darin, dass »die Türkei Dutzende von neuen Botschaften und Konsulaten eröffnet hat, insbesondere in Afrika und dem Nahen Osten. Sie hat ihre Präsenz in fast allen multilateralen Vereinigungen ausgebaut, von der ›Organisation Amerikanischer Staaten‹ bis hin zur ›Asiatisch-Pazifischen Wirtschaftsvereinigung‹. Im Jahr 2005 erhielt die Türkei den ›Beobachterstatus‹ in der Afrikanischen Union und begann noch im selben Jahr damit, Ministertreffen mit der Arabischen Liga durchzuführen.«[8]

Außenminister Ahmet Davutoğlu gilt als Architekt der neuen, multidimensionalen türkischen Außenpolitik.

Neu im Konzept der »Strategischen Tiefe« ist der verstärkte Einsatz von *Soft-Power*-Instrumenten mit dem Ziel, sanfte »ideologische Unterstützung für die türkische Politik in der Region des Nahen und Mittleren Ostens zu schaffen«.[9] Die gestiegene Fähigkeit der türkischen Diplomatie, positiven Einfluss auf Entscheidungsträger in der Region auszuüben, avanciert zu einem wertvollen Instrument der Regionalpolitik des Landes. Dazu meint Ahmet Davutoğlu: »Nur wer durch *soft power* über die Landesgrenzen hinaus Einfluss ausübt, kann sich wirklich schützen.«[10]

---

[7] Davutoğlu, Ahmet: Stratejik Derinlik (»Strategische Tiefe – Die internationale Position der Türkei«). Arabische Ausgabe. Doha 2011.

[8] Simsek, Ayhan: »Türkei. Von der Regionalmacht zum Global Player.« In: dw.de. URL: http://www.dw.de/von-der-regionalmacht-zum-global-player/a-16037124 (12.2.2013).

[9] Altunışık, Meliha: »The Possibilities and Limits of Turkey's Soft Power in the Middle East.« In: Insight Turkey, 2008. S. 42 f.

[10] Davutoglu: Stratejik Derinlik. S. 22.

2. Effizienter Einsatz von Soft-Power-Instrumenten

Die besondere Hervorhebung von *Soft-Power*-Instrumenten als elementarer Bestandteil der türkischen Außenpolitik zeigt eindrucksvoll, dass der selbst definierte Führungs- und Vorbildanspruch des aufstrebenden Landes sich nicht alleine auf wirtschaftliche und außenpolitische Säulen stützt. Daher war es nur logisch, dass die intensiven Annäherungsversuche der neuen türkischen Eliten an die arabische Welt ihren Niederschlag im medialen und kulturpolitischen Bereich gefunden haben. So ist im April 2011 der arabischsprachige Ableger des staatlichen Fernsehsenders *TRT* unter dem Namen *TRT el-Türkiye* auf Sendung gegangen und konnte sich mit Hilfe bekannter arabischer Fernseh-Ikonen relativ schnell großer Beliebtheit in fast allen arabischen Ländern erfreuen. »Vom Bosporus aus operiert mittlerweile eine wachsende Zahl elektronischer Medien auf Arabisch, die für die Türkei und die neuerdings vielgepriesene türkisch-arabische Freundschaft werben. Neben diesem TV-Sender versorgen mittlerweile zwei offizielle türkische Newsportale arabische Internetnutzer mit aktuellen Informationen: *Turkey today* und *Akhbar al-alam* (Weltnachrichten). Beide vermitteln ein besonders araberfreundliches Bild von den Türken.«[11] Als entscheidendes Instrument der türkischen Charmeoffensive erweisen sich jedoch die im gesamten arabischen Raum populären Fernsehserien. Deren Erfolg spielt »der türkischen Außenpolitik in die Hände und ihrem Traum, in der Region eine politische Einheit unter türkischer Führung zu schaffen. Wie einen Held feierte man Erdoğan, als er als einer der ersten Staatsführer 2010 in die Länder des Arabischen Frühlings reiste.«[12]

Der bekannte kuwaitische Soziologieprofessor und Publizist Mohamed Al-Rumaihi macht drei Faktoren für das große Interesse der Araber an der heutigen Türkei verantwortlich: »Erstens, die Position der türkischen Führung in der Palästina-Frage. Zweitens, die türkischen Fernsehserien, die Araber auf den neuen Reichtum der Türkei aufmerksam gemacht haben. Und drittens der Erfolg einer politischen Entwicklung, welche die traditionelle Basis der politischen Führung – den Islam – mit modernen Ideen vereinigt.«[13]

[11] Croitoru, Joseph: »Charmeoffensive aus Istanbul. Die Türkei wirbt mit arabischsprachigen Medien um ihre Nachbarn.« In: Neue Züricher Zeitung. URL: http://www.nzz.ch/aktuell/startseite/charmeoffensive-aus-istanbul-1.13381984 (20.2.2013).

[12] Krüger, Karen: »Türkische Fernsehserien. Eine kulturelle Revolution.« In: Frankfurter Allgemeine Zeitung. URL: http://www.faz.net/aktuell/feuilleton/medien/tuerkische-fernsehserien-eine-kulturelle-revolution-11963627.html (10.2.2013).

[13] Al-Rumaihi, Mohammed: »Die türkisch-arabischen Beziehungen am Scheideweg.« In: Asharq Al-Awsat vom 15.12.2013. S. 12.

Im Mittelpunkt der türkischen dynamischen Diplomatie und deren auswärtigen kulturpolitischen Initiativen steht der Wille, die Türkei als überaus moderne, weltoffene, im Orient und Okzident beheimatete Kulturnation darzustellen, die – basierend auf dem gemeinsamen islamischen Erbe – den ehrlichen Dialog auf gleicher Augenhöhe mit den arabischen Staaten sucht.

3. Hintergründe des außenpolitischen Wandels

Die bemerkenswerte Wende und die mit ihr einhergehende Pluralisierung der türkischen Außenpolitik gehen auf eine Reihe von externen und internen Faktoren zurück. Die außenpolitischen zentralen Faktoren fasst der Soziologe Günter Seufert wie folgt zusammen: »Das Ende des Kalten Krieges hat den außenpolitischen Konsens der alten Staatselite und ihr Sicherheitsparadigma zu Fall gebracht und damit eine entscheidende Voraussetzung dafür geschaffen, den bis dahin bestehenden Primat der militärisch-bürokratischen Elite über die Außenpolitik zu brechen.«[14]

Innenpolitisch war die Zurückdrängung der alten militärisch-bürokratischen, kemalistischen Staatselite im Zuge der von der EU geforderten Reformen der *AKP*-Regierung zwischen 2003 und 2005 von zentraler Bedeutung für den außenpolitischen Paradigmenwechsel. Die alten reformunfähigen, laizistischen Eliten wurden durch die »Islamischen Calvinisten«, die geschäftstüchtig, EU-freundlich und zugleich islamisch-konservativ auftreten und die Basis der anhaltenden *AKP*-Hegemonie bilden, abgelöst. Heute ist die neue konservative »anatolische Bourgeoisie« ein zentraler Machtfaktor am Bosporus, vor allem aufgrund ihrer exportorientierten Unternehmer.[15]

4. Reaktion der Türkei auf die arabischen Revolutionen

Der massive Ausbau der wirtschaftlichen Beziehungen zu den arabischen Staaten in den letzten Jahren führte dazu, dass sich das Handelsvolumen zwischen der Türkei und ihren arabischen Nachbarländern in den Jahren von 2002 bis 2010 verfünffachte; es stieg von lediglich 4 Milliarden US-Dollar im Jahre 1991 auf 82 Milliarden US-Dollar im Jahre 2008. Nun will die Türkei nach Angaben des Ministers für Wissenschaft, Industrie und Technologie, Nihat Ergün, »das Handelsvolumen mit

[14] Seufert, Günter: Außenpolitik und Selbstverständnis: Die gesellschaftliche Fundierung von Strategiewechseln in der Türkei. SWP-Studien S 11, 06/2012, S. 6.

[15] Ausführlich dazu siehe: Öztürk, Asiye: Der innenpolitische Kontext des außenpolitischen Wandels der Türkei. Deutsches Institut für Entwicklungspolitik. Discussion Paper. Bonn 5/2009. URL: http://www.die-gdi.de/CMS-Homepage/openwebcms3.nsf/%28ynDK_contentByKey%29/ANES-7SVF36/$FILE/DP%20 5.2009.pdf (20.1.2013).

den Mitgliedsländern der Arabischen Liga auf 100 Milliarden Dollar erhöhen«.[16] Auch die Außenwirtschaftsorientierung dieses außenpolitischen Politikansatzes erwies sich als großer Erfolg: Türkische Unternehmen könnten neue Absatzmärkte im arabischen Raum erschließen, vor allem in den reichen Erdölländern, wie den Vereinten Arabischen Emiraten, Libyen, Irak und Saudi-Arabien. Die türkischen Investitionen in große Infrastrukturprojekte sind deutlich gestiegen, insbesondere im Bausektor. Die Erfolge der türkischen Exportnation, die gelegentlich aufgrund anhaltenden Rekord-Wirtschaftswachstums als das »China Europas« bezeichnet wird, ließen die neue türkische Regionalpolitik als ziemlich erfolgreich erscheinen; die politische Öffnung trug entscheidend dazu bei, die Stellung der Türkei als regionale Führungsmacht zu stärken – allerdings nur bis zum Ausbruch des Arabischen Frühlings.

Am Vorabend der Arabellion wies die Türkei unter der *AKP*-Führung »aufgrund ihrer erfolgreichen wirtschaftlichen Diversifizierung, kooperativer Beziehungen zu den einflussreichen Ländern Iran, Saudi-Arabien und Syrien sowie der Unterstützung breiter Teile der arabischen Bevölkerungen zentrale Merkmale einer Regionalmacht im Nahen Osten auf.«[17] Wie fast alle arabischen und westlichen Staatsführer, wurde die türkische *AKP*-Führung von der Wucht und Dynamik der Revolutionswelle im Zuge des Arabischen Frühlings überrascht. Doch die neuen türkischen Eliten konnten die historische Tragweite der Umwälzungen schnell erkennen. Denn »die Türkei baute so sehr starke dichte politische, wirtschaftliche und gesellschaftliche Beziehungen in die arabischen Staaten auf. Das mag der türkischen Regierungs- und Staatsspitze geholfen haben, relativ früh zu erkennen, dass die alten arabischen Regime den Herausforderungen nicht mehr gewachsen waren«.[18] Die Reaktionen der *AKP*-Regierung auf die arabischen Revolutionen wiesen dennoch signifikante Unterschiede auf. Zusammengefasst lassen sie sich wie folgt beschreiben:

[16] URL: http://www.trtdeutsch.com/trtworld/de/newsDetail.aspx?haberkodu=59eb7990-f495-4dd0-8927-372abdc86ac7 (22.4.2013).

[17] Bank, André: »Die Türkei und die Arabische Revolte: Regionalpolitischer Auf- oder Abstieg?« In: German Institute of Global and Area Studies (GIGA). URL: http://www.giga-hamburg.de/dl/download.php?d=/content/publikationen/pdf/gf_nahost_1109.pdf (13.1.2013).

[18] Perthes, Volker: Der Aufstand. Die arabische Revolution und ihre Folgen. München 2011. S. 197.

4.1 Tunesien: Passiv-abwartende Haltung

Zu der sozial-säkularen »Jasmin-Revolution« in Tunesien verhielt sich die *AKP*-Regierung zunächst auffällig passiv; weil die Türkei keine nennenswerten ökonomischen Interessen im kleinen nordafrikanischen Land verfolgte, hatte sie einen unbegrenzten Aktionsradius. Und so betonte Regierungschef Erdoğan zwar die allgemeine Notwendigkeit von grundlegenden Reformen und plädierte unverbindlich für eine gewaltfreie Entschärfung des Konfliktes. Nach der Flucht des Langzeit-Diktators Ben Ali nach Saudi-Arabien am 14. Januar 2011 erklärte die *AKP*-Regierung prompt ihre uneingeschränkte Unterstützung für die revolutionäre Protestbewegung.

4.2 Ägypten: Auf der richtigen Seite der Geschichte

Obwohl die türkisch-ägyptischen Beziehungen in der fast dreißigjährigen Ära der autoritären Herrschaft von Hosni Mubarak meistens angespannt waren, da der ägyptische Ex-Präsident jeglicher türkischen Führungsrolle in der Region ablehnend gegenüberstand, hielt sich die türkische Führung am Anfang der Revolte zunächst zurück. Nach der Eskalation der Gewalt auf dem Tahrir-Platz Ende Januar 2011 und dem Tod von zahlreichen Demonstranten durch gezielte Schüsse der ägyptischen Polizeikräfte kam es jedoch schnell zum endgültigen Bruch mit dem Mubarak-Regime.

Der türkische Ministerpräsident Erdoğan hielt am 1. Februar 2011 eine fulminante Rede, die vom panarabischen Sender *Al-Dschasira* live übertragen wurde, in der er sich als erster führender Regierungschef eines gewichtigen Ankerstaates klar auf die Seite der arabischen Freiheitsbewegungen stellte – viel früher als die USA oder die EU-Staaten. Erdoğans klare Positionierung »auf der richtigen Seite der Geschichte«[19] hat ihm zwar viele Sympathiepunkte bei den jungen Arabern eingebracht. Doch als er sich bei seinem Besuch in Kairo im September 2011 an die Anhänger des politischen Islam mit der Forderung wandte, eine Verfassung für Ägypten zu schaffen, welche auf den »Prinzipien des Säkularismus und der Achtung aller Religionen beruht und jedem Einzelnen die Freiheit der Ausübung seiner Religion gewährt«[20], reagierten ägyptische Islamisten und Salafisten sehr erbost und warfen ihrem »Helden« vor, sich in die innere Angelegenheiten Ägyptens einzumischen.

[19] Vgl. Kosh, Omar: »Türkei stellt sich auf Seiten der Freiheit.« In: al hayat vom 02.01.2013.

[20] Al Hroub, Khaled: »Über das naive Säkularismus-Verständnis arabischer Islamisten am Beispiel ihrer Reaktion auf Erdoğans türkischer Islam.« In: Al Ittihad vom 19.10.2011. S. 12.

4.3 Libyen: Opportunistische Regionalpolitik

Die Revolte gegen das Gaddafi-Regime in Libyen stellte Erdoğans Regierung vor ein großes Glaubwürdigkeitsdilemma. Aufgrund enger Wirtschaftsbeziehungen mit Tripolis haben türkische Investoren mehr als 15 Milliarden Euro in Libyen investiert. Zu Beginn der Revolte im Februar 2011 arbeiteten mehr als dreißigtausend türkische Ingenieure und Facharbeiter im Lande, deren Evakuierung zuallererst sichergestellt werden musste. Erdoğans Regierung verhielt sich aus diesen Gründen sehr vorsichtig und distanzierte sich erst eindeutig vom Gewaltregime Gaddafis, als klar wurde, dass es innerarabisch und international völlig isoliert war.

Diese interessengeleitete Außenpolitik brachte der türkischen Regierung in der zuvor Ankara wohlgesinnten arabischen Öffentlichkeit den Vorwurf des Opportunismus. Dieser beinhaltet, dass Vertreter der *AKP*-Regierung, allen voran Ministerpräsident Erdoğan, westlichen Staaten allzu häufig den Vorwurf machten, im Umgang mit der Förderung von Demokratie und Menschenrechten in den islamischen Ländern unglaubwürdig zu sein. Denn westliche Nahostpolitik orientiere sich in erster Linie nicht an den eigenen demokratischen Grundsätzen, sondern an ökonomischen und geopolitischen Zielen.

4.4 Syrien: Ankaras Achillesferse

Der im März 2011 begonnene Volksaufstand in Syrien gegen die brutale Diktatur des Assad-Clans stellt die größte Herausforderung für die neue Außenpolitik der Türkei dar. Denn Syrien war einst der Dreh- und Angelpunkt dieser Politik: Die Beziehungen zwischen Ankara und Damaskus wurden in den letzten Jahren auf eine neue partnerschaftliche und strategische Grundlage gestellt. »Die politischen Kontakte wurden intensiviert bis hin zur Einrichtung eines ›Strategischen Rates für gemeinsame Ministerratssitzungen‹, der wirtschaftliche Austausch wurde vertieft, Visa-Bestimmungen gelockert. Ähnlich wie die Normalisierung zwischen der Türkei und Irakisch-Kurdistan, wurden die türkisch-syrischen Beziehungen zum Modell – und die von Außenminister Ahmet Davutoğlu entwickelte *Zero-problems-with-our-neighbours*-Politik zur Erfolgsgeschichte.«[21]

Mit dem Ausbruch und der Verselbstständigung der Gewalt in Syrien wurde den Strategen um Erdoğan und Davutoğlu klar, dass sie mit ihrer »Null-Problem-Außenpolitik« den neuen Realitäten nicht gerecht werden können. Nicht nur wegen der Tatsache, dass die Türkei mit ihrer neunhundert Kilometer langen

[21] Altunışık, Meliha Benli: »Aufstand in Syrien. Zurück nach Amerika in der türkischen Außenpolitik.« In: Zeit Online. URL: http://www.zeit.de/politik/ausland/2011-08/tuerkei-syrien-usa (12.03.2013).

Flüchtlingslager Reyhanli an der türkisch-syrischen Grenze

Landesgrenze zu Syrien vom Bürgerkrieg im Nachbarland unmittelbar betroffen ist; schließlich nahm das Land mehrmals 150.000 Flüchtlinge auf. Viel schwerwiegender dürfte für Ankara die Tatsache wiegen, dass das Land nicht über die notwendigen Instrumente und Ressourcen verfügt, um den Verlauf der Ereignisse im Bürgerkriegsland Syrien entscheidend zu beeinflussen oder es aus der derzeitigen, zerstörerischen Pattsituation zwischen dem Assad-Regime und seinen Gegnern zu befreien. Zwar unterstützt die türkische Regierung seit dem endgültigen Scheitern ihrer Vermittlungsmissionen die syrische Opposition, die sich auf türkischem Boden politisch organisiert und von der Türkei aus ihre diplomatischen und militärischen Aktivitäten koordiniert. Doch es gelang der türkischen Führung nicht, eine von ihr geforderte Flugverbotszone über dem Norden Syriens international durchzusetzen. Zudem hatte sie wenig Erfolg bei ihren Bemühungen, die chronisch zerstrittene syrische Exilopposition zu einen, um eine passende und schlagkräftige Alternative zum Assad-Regime aufzubauen.

5. Die Türkei und Israel: Zwang zur Kooperation

Die Außenwirtschaftspolitik der Türkei erwies sich nicht nur in den Beziehungen zu den arabischen Staaten als großer Erfolg, auch der Handel der Türkei mit Israel verdoppelte sich zwischen 2002 und 2010 trotz massiver Verschlechterung der Beziehungen beider Länder nach der israelischen Erstürmung des türkischen Gaza-Hilfsschiffs »Mavi Marmara« im Mai 2010. Im Rahmen der israelischen Militäraktion kamen neun türkischstämmige Friedensaktivisten ums Leben. Die israelische Regierung entschuldigte sich nach Vermittlung des US-Präsidenten Barack Obama im März 2013 offiziell für den Zwischenfall, lehnt aber weiterhin die Forderung der Türkei ab, die über den Gazastreifen verhängte Blockade aufzuheben. Fast drei Jahre danach versuchen beide Länder, ihre Beziehungen zu verbessern, um eine normale Kooperationsatmosphäre vor dem Hintergrund der unübersichtlichen Lage in Syrien möglich zu machen. »Nicht dass sich die Akteure in der Zwischenzeit wesentlich verändert hätten: Ihr Umfeld hat das getan. Grundsätzliche Positionsunterschiede – vor allem in der Palästinenser-Frage – werden von den ›heißen‹ Konflikten in der Region überkleistert, in denen sich beide, Israel und die Türkei, als Teil des ›Westens‹ wahrnehmen.«[22]

Aus türkischer Sicht steht inzwischen nicht nur die Frage nach der Neuordnung in Syrien nach dem Ende der Gewaltherrschaft des Assad-Clans im Vordergrund. Vielmehr überlagert die Angst vor einer »Somalisierung Syriens« die strategischen Planspiele in Ankara. Ein gescheiterter Staat oder sogar ein dschihadistisches *Al-Qaida*-Regime vor der Haustür wäre nicht nur für die Türkei ein Horrorszenario, sondern auch für Israel.

6. Fazit: Keine ideologiegeleitete Außenpolitik

Anders als von einigen westlichen Politikern und konservativen Medien vielfach angenommen, ist die neue außenpolitische Orientierung der Türkei in Richtung Mittlerer und Naher Osten nicht primär ideologisch oder gar religiös motiviert, sondern folgt vielmehr strategischen und ökonomischen Zielen. Sie verfolgt weder islamistische Ziele noch Großmachtträume »neo-osmanischer« Art. Die Türkei betreibt seit dem Machtantritt der *AKP*-Regierung unter Ministerpräsident Erdoğan im Jahre 2002 eine dynamische Außenpolitik im Stile einer selbstbewussten Regionalmacht nach einem Jahrzehnt des Wirtschaftsbooms und der demokratischen Reformen.

---

[22] Harrer, Gudrun: »Rückkehr des Pragmatismus.« In: derstandard.at. URL: http://derstandard.at/1363705887594/Rueckkehr-des-Pragmatismus (30.03.2013).

Günther Seufert fasst die gesellschaftliche Fundierung der neuen Außenpolitik und des neuen Selbstbewusstseins türkischer Eliten wie folgt zusammen: »Die neue Außenpolitik der Türkei erschöpft sich weder in einer gewandelten Außenwirtschaftsstrategie noch ist sie ausschließlich von einer spezifischen Ideologie der jetzigen Regierung bestimmt. Sie ist die Folge eines unumkehrbaren Prozesses, in dessen Verlauf eine neue ökonomische Elite neuen politischen und akademischen Eliten, mit denen sie weltanschaulich aufs Engste verbunden ist, zum Durchbruch verhalf und sich die Selbstwahrnehmung von Staat und Gesellschaft grundlegend verändert hat.«[23]

Die außenpolitische Orientierung der Türkei verfolgt weder islamistische Ziele noch Großmachtträume »neo-osmanischer« Art.

Die Bedeutung des »starken Mannes am Bosporus« nahm paradoxerweise zu, obwohl die EU-Beitritts-Verhandlungen seit Jahren stagnieren. Doch diese Entwicklung steht nicht alternativ zum EU-Beitritt des Landes. »Vielmehr würde die Türkei als Mittelmacht dadurch zu einem noch attraktiveren Partner für die EU. Die Bemühungen der Türkei um mehr Einfluss in der Welt sind eng mit der wirtschaftlichen Entwicklung verbunden, dem wachsenden Erfolg, der wachsenden politischen Stabilität und der Bewerbung des Landes um die EU-Mitgliedschaft.«[24] Im Hinblick auf die Reaktionen der Türkei auf die arabischen Revolutionen lässt sich »die vermeintliche Sprunghaftigkeit der türkischen Regionalpolitik als weithin erfolgreiche Anpassung an die unterschiedlichen Transformationsprozesse der arabischen Revolte bilanzieren. Gepaart mit Erdoğans Populismus dürfte die Türkei auch aufgrund dieses Pragmatismus zumindest kurzfristig eine herausragende Stellung im Nahen Osten einnehmen.«[25] Die Lehren aus dem Syrienkonflikt zeigen deutlich, dass die Türkei die Rolle einer regionalen Ordnungsmacht alleine nicht übernehmen kann. Sie kann allerdings im Auftrag der internationalen Gemeinschaft und in koordinierter Zusammenarbeit mit westlichen und arabischen Alliierten Ordnungsaufgaben übernehmen, beispielweise nach dem Sturz des Assad-Regimes in Syrien.

---

[23] Seufert: Außenpolitik und Selbstverständnis: Die gesellschaftliche Fundierung von Strategiewechseln in der Türkei. S. 1.

[24] Hüseyin Bagci beschreibt die Türkei als »Mittelmacht«: ein Land, das nicht alleine politische Entwicklungen bestimmen oder regeln kann, sondern das über nützliche und wertvolle weiche Machtfaktoren verfügt, um mit anderen Ländern oder internationalen Institutionen in koordinierter Zusammenarbeit Erfolge zu erzielen. Zitiert nach Simsek, Ayhan: »Türkei. Von der Regionalmacht zum Global Player.« In: dw.de. URL: http://www.dw.de/von-der-regionalmacht-zum-global-player/a-16037124 (12.02.2013).

[25] Bank, André: »Die Türkei und die Arabische Revolte: Regionalpolitischer Auf- oder Abstieg?« URL: http:/www.giga-hamburg.de/dl/download.php?d=/content/publikationen/pdf/gf_nahost_1109.pdf (13.01.2013). S. 1.

Aus diesem Grund stehen die türkischen Entscheidungseliten um Regierungschef Erdoğan und Außenminister Davutoğlu »vor der gewaltigen Aufgabe, ihre alte Beziehung zum Westen aufrechtzuerhalten und gleichzeitig neue Beziehungen zu den muslimischen Nachbarn aufzubauen. Die türkische Führung hat begriffen, dass das Land seinen Einfluss auf beide Seiten am besten erhalten und stärken kann, indem es gute Beziehungen zu beiden unterhält.«[26]

[26] Ayoob, Mohammed: »Turkey's Balancing Act.« In: Project Syndicate. URL: http://www.project-syndicate.org/commentary/turkey-s-balancing-act (30.01.2013).

DISKUSSIONSRUNDE AM 16.11.2012

Alte Nachbarn – neue Lage

Optionen israelischer Außenpolitik nach dem Arabischen Frühling

TEILNEHMER

Loay Mudhoon: *qantara.de, Bonn*

Hans-Christian Rößler: *Frankfurter Allgemeine Zeitung, Jerusalem*

Shimon Stein: *ehemaliger Botschafter des Staates Israel in Deutschland, Senior Fellow am Institut für Nationale Sicherheitsstudien (INSS) an der Universität Tel Aviv*

Gil Yaron: *freier Journalist und Autor, Tel Aviv*

Rainer Sollich (Moderation): *Deutsche Welle, Bonn*

RAINER SOLLICH: Israels Nachbarschaft hat sich verändert: In Ägypten ist mit Hosni Mubarak ein verlässlicher Verbündeter Europas verschwunden. Stattdessen regieren die Muslimbrüder gemeinsam mit dem Militär. In Syrien wankt ein Regime, das zumindest ein berechenbarer Feind war. Die *Hamas* fühlt sich in jüngster Zeit ermutigt, wieder verschärft gegen Israel vorzugehen, und auch die Beziehungen Israels zur Türkei haben sich dramatisch verschlechtert. Herr Yaron, ist Israel der Verlierer der Umbrüche in der arabischen Welt?

GIL YARON: Verlierer sicher nicht, aber die Machtverhältnisse haben sich in der Tat geändert. Lange Zeit galt eine Theorie über den Nahen Osten, die auf König Abdullah II. zurückgeht und die er *Hilal al Schi'i*, »der schiitische Halbmond«, nannte. Sie besagt, dass der Nahe Osten eine bipolare Welt ist, geteilt in ein proamerikanisches und ein proiranisches Lager. Nach diesem Schema wurde jeder Konflikt interpretiert, die Auseinandersetzungen an der saudisch-jemenitischen Grenze ebenso wie der Kampf der *Hamas* gegen die *Fatah*. Um einen Konflikt zu verstehen, musste man sich nur fragen, auf welcher Seite die Kräfte standen, die in einem Land agierten.[1] Für Israel war dieses Denkschema von Vorteil, da das Land zu jener Zeit als die goldene Tür-

[1] Zur Theorie des schiitischen Halbmonds vgl. den Beitrag von Gil Yaron auf S. 84 in diesem Band.

klinke zum *Oval Office* galt, und seine Macht in der Region gesichert war. Jeder arabische Staat, der an guten Beziehungen zu den USA interessiert oder sogar auf Hilfe der Amerikaner angewiesen war, hatte eines zu beachten: Man durfte Israel nur in Maßen kritisieren, sonst verlor man die Gunst der Amerikaner. Mubarak etwa wurde auf diese Weise dazu gedrängt, die *Hamas* unter Druck zu setzen. Auch er war nur ein Teil dieses Gefüges. Die Theorie des »schiitischen Halbmonds« ist jedoch seit dem Arabischen Frühling überholt. Der *Hilal al Schi'i* kann die Konflikte im Nahen Osten nicht mehr erklären, denn die Amerikaner haben ihren Einfluss größtenteils verloren. Das sehen wir etwa am Stillstand der Friedensgespräche zwischen Israelis und Palästinensern. Es gibt fast keine politischen Akteure im Nahen Osten, die mehr von den Amerikanern abhängig sind als Palästinenser und Israelis. Israels Militäretat wird zum großen Teil von den Amerikanern getragen, und ohne die diplomatische Rückendeckung aus Washington wird es für Israel schwer, in den *Vereinten Nationen* zu bestehen. Die Palästinenser sind ebenfalls stark von Amerika abhängig, da ihr Haushalt in Teilen von den Amerikanern getragen wird. Trotz dieser engen Bindungen an Amerika schlagen beide seit mehr als vier Jahren Präsident Obamas Bitte aus, sich gemeinsam an einen zu Tisch setzen und miteinander zu sprechen. Das zeigt, wie wenig Einfluss die Amerikaner im Nahen Osten noch haben. Teheran hat sich lange für den Gewinner dieser Entwicklung gehalten, Israel und Amerika galten als die Verlierer. Doch auch der Iran hat durch die Entwicklungen in Syrien einen stabilen Partner verloren. Was bleibt, ist ein Vakuum, in das andere sunnitische Kräfte stoßen, die nicht ausschließlich aus Arabern bestehen. Dazu gehören die Türkei, Ägypten und die Golfstaaten, die im Nahen Osten ein drittes Führungsmodell etablieren wollen. Zwar stehen diese Staaten in mancher Hinsicht in Konkurrenz zueinander. Gegen eine Einmischung von außen – etwa durch die USA oder den Iran – wehren sie sich jedoch gemeinsam. Das Ganze ist ein viel komplexeres Spiel geworden. Und genau hier liegt das Problem für Israel: Früher war man im Nahen Osten der wichtigste Verbündete der Weltmacht Nummer eins, heute ist Israel nur noch ein Spieler unter vielen – jedoch ein besonderer, weil er sich ethnisch, religiös und historisch von seinen Nachbarn unterscheidet. Ich halte ich es also für zu früh, Israel als Verlierer oder gar Opfer der Entwicklung zu bezeichnen. Aber Israel muss seine Außenpolitik völlig umkrempeln, weil die alten Regeln heute nicht mehr gelten.

Was im Nahen Osten bleibt, ist ein Vakuum.

RAINER SOLLICH: Herr Rößler, gelten die alten Regeln denn noch für die Palästinenser? Sind die aktuellen militärischen Aktionen der *Hamas* oder der jüngste Vorstoß von Präsident Mahmud Abbas in Richtung Anerkennung Palästinas bei den *Vereinten Nationen* Fortsetzungen alter Reflexe, oder wirken hier neue selbstbewusstere Kräfte im Zuge der Umwälzungen in der arabischen Welt?

HANS-CHRISTIAN RÖSSLER: Man wird den Eindruck nicht los, dass der Arabische Frühling an den Palästinensern weitgehend vorbeigegangen ist. Es wirkte fast komisch, als Präsident Abbas im Herbst 2012 die Sozialproteste in den Autonomiegebieten als Beginn eines palästinensischen Frühlings bezeichnete, obwohl sich die Proteste eigentlich gegen seine Regierung richteten. Das war der verzweifelte Versuch, auf einen Zug aufzuspringen, der sich längst in Bewegung gesetzt hatte. Aber gegen wen sollten die Palästinenser in Ramallah ernsthaft revoltieren? Sie wissen genau, dass es bei einem Sturz der Autonomiebehörde immer lachende Dritte wie die *Hamas* oder manche Israelis gibt, die ihnen noch unliebsamer wären. Viele Palästinenser zögern deshalb, auf die Straße zu gehen und eine Entwicklung mit offenem oder sogar unerwünschtem Ausgang heraufzubeschwören. Mehr Grund zu demonstrieren als im Westjordanland hätten eigentlich die Menschen in Gaza. Dort hat die Begeisterung für die *Hamas* stark abgenommen. Umfragen zeigen, dass es eine immer deutlichere Wechselstimmung im Gaza-Gebiet gibt. Gleichzeitig fühlt sich die *Hamas* durch die Arabellion in Tunesien und Ägypten gestärkt. Seither ist sie quasi immer mehr »von Freunden umzingelt«. Auch nach einem Regierungswechsel in Syrien würden die Muslimbrüder oder sunnitische Kräfte eine viel größere Rolle spielen als bisher. Aktuell gibt es auch größere Proteste in Jordanien. Dort würden – im Falle von Wahlen oder eines Umsturzes – Freunde der *Hamas* ebenfalls deutlich an Einfluss gewinnen. Bisher konnte die *Hamas* mit den Entwicklungen in ihrem Umfeld also ganz zufrieden sein und sich durch die Arabellion bestärkt fühlen. Das alles muss im Moment unter Vorbehalt gesagt werden, denn es bleibt abzuwarten, wie die Ereignisse in Gaza ausgehen und wie die *Hamas* danach aussehen wird.

Die *Hamas* fühlt sich durch die Arabellion immer mehr »von Freunden umzingelt«.

RAINER SOLLICH: Bedeuten eine stärkere Orientierung der *Hamas* an Ägypten oder der Besuch des Emirs von Katar im Gaza-Streifen eine Schwächung des iranischen Einflusses?

HANS-CHRISTIAN RÖSSLER: Definitiv. Die Beziehungen zwischen der *Hamas* und dem Iran waren nie herzlich; aber spätestens seit die *Hamas* das Büro von Khaled Mashal[2] in Damaskus geschlossen hat,

[2] Khaled Mashal, geboren am 28.05.1956, ist ein politischer Führer der militanten palästinensischen Hamas. Mashal ist Vorsitzender des politischen Büros der Hamas. Nach Gründung der Hamas 1987 leitete Mashal die kuwaitische Repräsentanz der Organisation. 1991 zog Mashal von Kuwait nach Jordanien um. Nach Ausweisung der Hamas-Führung aus Jordanien im August 1999 lebte Mashal in Katar und zog 2001 in die syrische Hauptstadt Damaskus. 2012 kehrte er im Zuge des syrischen Bürgerkriegs nach Katar zurück. Siehe auch: URL: http://de.wikipedia.org/wiki/Chalid_Maschal.

sind die Risse in den einst relativ engen Beziehungen nicht mehr zu verbergen. In Ägypten und in Katar gab es ein sehr starkes Bestreben, die *Hamas* ins eigene Lager zu holen, was offenbar auch gelungen ist. Für die *Hamas* scheinen sich diese Entwicklungen auszuzahlen. Mit sunnitischen Freunden, die einen ähnlichen ideologischen Hintergrund haben – alle waren mal Muslimbrüder – tut man sich leichter als mit den Schiiten. Viele Menschen in Gaza, auch *Hamas*-Unterstützer, waren nicht gerade begeistert, ausgerechnet mit den Mullahs in Teheran gemeinsame Sache zu machen oder von ihnen gesponsert zu werden. Eine Hinwendung zum sunnitischen Lager, das die Muslimbrüder im weitesten Sinn dominieren, ist deutlich zu erkennen; der Besuch des Emirs von Katar ist Teil dieser Entwicklung.

LOAY MUDHOON: Wir haben in den letzten Monaten stillschweigend einen massiven Machtkampf auch innerhalb der *Hamas* erlebt. Nachdem Khaled Mashal von Jordanien nach Katar gezogen ist, gab es massive Versuche der Golfstaaten, die *Hamas* dem iranischen Einfluss zu entziehen. Solche Versuche wurden von der Führung in Riad auch früher unternommen. Als ein Beispiel ist hier das Mekka-Abkommen 2007 zu nennen, bei dem die Saudis einer künftigen Einheitsregierung von *Hamas* und *Fatah* Milliarden von Dollar in Aussicht stellten. Das Verhalten der Iraner im Syrien-Konflikt und das Selbstverständnis vieler *Hamas*-Akteure als »Volksbewegung« haben dazu geführt, dass der Iran und die *Hisbollah*, diese vermeintliche »Achse des Widerstandes«, ihre Bedeutung verloren haben. Wenn Assad nun versucht, sich als Gegner des Westens zu profilieren, als Gegenspieler des westlich-zionistischen Imperialismus, nimmt ihm das keiner ab. Ich glaube, das ist ein ganz entscheidender Wendepunkt in der Wahrnehmung und in der Glaubwürdigkeit der sogenannten militanten Islamisten. Mit reiner Widerstandsrhetorik ist heute kein Blumentopf mehr zu gewinnen. Auch innerhalb der *Hamas* wurde spekuliert, ob Khaled Mashal jenseits der *Hamas* eine eigene Muslimbrüderpartei gründen würde. Es gab heftige Proteste und interne Machtkämpfe. Viele warten nun die Situation in Syrien ab und schauen, was danach im Irak passiert. Es sind mehrere neue Parameter im Spiel und auch neue unberechenbare Akteure. Ende August 2012 bin ich nach Ägypten gereist, wo ich viele Nicht-Islamisten getroffen habe. Ich war überrascht von den Tahrir-Revolutionären, den Säkularen, die eine härtere Gangart von Mursi gegenüber Israel verlangten. Viele meinten, nachdem Mursi und seine Muslimbrüder jahrelang antizionistische Feindbilder geschürt hätten, zeige er sich auf einmal zu lammfromm und zahm. Es darf also nicht der Eindruck erweckt werden, nur die Islamisten seien das Problem. Unterschwellig gibt es unter allen politischen Akteuren – auch in Ägypten – massive Vorbehalte gegenüber Israel. Diese wurden bislang lediglich durch die Fixierungen auf die eigenen Missstände im arabischen Raum, auch durch die Arabellion, überdeckt. Insgesamt haben sich also die Konstellationen verändert, und die alten Allianzen gelten nicht mehr. Dennoch teile ich die These von Gil Yaron zum schwindenden Einfluss der USA nicht. Die Bedeutung Amerikas ist heute zwar geringer als in der Vergangenheit. Dennoch werden die USA weiterhin eine zentrale Rolle für jede Entwicklung im Nahen Osten spielen.

GIL YARON: Bezeichnend ist, dass arabische Potentaten Israel über Jahrzehnte benutzt haben, um von den Problemen im Inland abzulenken. Israel war der Sündenbock, den man im Ausland präsentieren und für alle Probleme verantwortlich machen konnte. Diese Wahrnehmung haben die arabischen Massen mit der Arabellion für mehrere Monate beiseite geschoben. Jetzt, nachdem sie ihre eigenen Diktatoren losgeworden sind, geht man erneut zu dem alten Muster über, Israel für viele Dinge verantwortlich zu machen. Was die Rolle Mursis betrifft, bewegt er sich auf einem schmalen Grat zwischen dem, wofür er seit Jahrzehnten steht, und dem, was notwendigerweise zu tun ist. Er muss die Salafisten in seinem Land zufrieden stellen und gleichzeitig der Forderung der Amerikaner nachkommen, Druck auf die *Hamas* auszuüben, um den Beschuss Israels zu beenden. Mursi steht genau in der Mitte. Es wird sehr interessant sein zu sehen, in welche Richtung Ägypten sich entwickelt. Im Moment ist es für eine Vorhersage noch zu früh.

Arabische Potentaten haben Israel über Jahrzehnte benutzt, um von den eigenen Problemen abzulenken.

RAINER SOLLICH: Herr Stein, gibt es im Moment auch israelische Kontakte zur Muslimbruderschaft?

SHIMON STEIN: Da kann ich nur spekulieren. Das Thema kam bei den sogenannten *Track II-Meetings* auf, mit denen der Versuch unternommen wurde, Israelis und Muslimbrüder zusammenzubringen.[3] Soweit ich weiß, zeigten die Muslimbrüder jedoch kein Interesse, sich mit Israelis zu treffen. Zu Zeiten Mubaraks gab es hingegen vertrauensvolle Kontakte zwischen Israel und dem ägyptischen Nachrichtendienst, die mit der Zeit leider abgebaut wurden, aber nicht abgebrochen sind. Heute hat der Koordinator im israelischen Verteidigungsministerium keinen hochrangigen Gesprächspartner auf ägyptischer Seite, nicht einmal im Ministerium. Gerade

[3] Track II-Diplomatie umfasst – im Gegensatz zur traditionellen offiziellen Track I-Diplomatie, zwischen Staaten und Organisationen – Gespräche von NGOs, Individuen (z. B. kirchliche Führer oder ehemalige politische Entscheidungsträger) oder Vereinen zur Lösung von Konflikten und Vertrauensbildung. Die Akteure verfügen über keine offizielle Funktion, können aber dank ihrer Persönlichkeit in einem Konflikt intervenieren, Probleme offen ansprechen und die Grundlage für offizielle Gespräche schaffen. Beim Track 1 ½ arbeiten offizielle und inoffizielle Akteure gemeinsam an einer Konfliktlösung. Siehe auch: URL: http://en.wikipedia.org/wiki/Track_II_diplomacy; http://www.whywar.at/diplomatie.

weil die Beziehungen zwischen Israel und Ägypten nicht mehr die Qualität von früher haben, sind wir auf Vermittler angewiesen. Als die israelische Botschaft in Kairo im September 2011 erstürmt wurde, rief Netanjahu Obama an und bat ihn, Mursi an seine internationalen Pflichten zu erinnern. Netanjahu war also nicht in der Lage, Mursi direkt anzusprechen. Zu Zeiten Mubaraks wäre das nicht passiert. Angesichts der zunehmenden Islamisierung des Nahen Ostens muss auch Israel langfristig den Zugang zu den neuen Kräften finden – und umgekehrt. Sicher gibt es Israelis, die bereit wären, in diesen schwierigen Dialog einzusteigen. Auf der anderen Seite sehe ich diese Bereitschaft noch nicht. Hier gilt es, die neuen Kräfte mit *Track II-Israelis* zusammenzubringen. Diese Aufgabe könnten beispielsweise Stiftungen übernehmen. Es gibt eine ganze Reihe von Fragen, die man auch unter Experten nicht offiziell ausdiskutieren kann. Am Ende bahnt *Track II* den Weg zu *Track 1 1/2* und schließlich auch zu offiziellen Gesprächen.

RAINER SOLLICH: Richten wir den Blick auf die Region um Israel. Herr Yaron, wo könnte Israel Verbündete gegen die Bedrohung aus Syrien und dem Iran finden? In Katar, in Ankara oder in Riad?

GIL YARON: Israeli weiß noch gar nicht, aus welcher Richtung die nächste Bedrohung kommt und wer ein Verbündeter sein könnte. Der Iran ist nur eine große Gefahr, wenn auch keine existenzielle. Ein vordringlicheres Problem für Israel

Diskussionsteilnehmer (v. l.): Rainer Sollich, Shimon Stein, Loay Mudhoon

sind die zusammenbrechenden Staaten direkt an Israels Grenzen. Zuvor stabile, gut kontrollierbare Zentralgewalten werden plötzlich von Terrororganisationen übernommen. Bereits in den 1970er Jahren war dieses Muster im Libanon und 2007 im Gazastreifen zu beobachten, gefolgt von den Entwicklungen im Sinai 2011/2012 und in Syrien 2012/2013. In Jordanien befinden wir uns auf dem Weg zu einem Umbruch. Israels Umgebung ähnelt in vielerlei Hinsicht der Situation Somalias. Beim Zusammenbruch einer Zentralgewalt gibt es keine eindeutige Adresse, an die man sich wenden kann. Es ist völlig unklar, mit wem Israel sich verbünden kann, weil man nicht weiß, wer im nächsten Jahr der Feind sein wird – und mit wem es sich zu arrangieren gilt. Viele israelische Sicherheitskonzepte der letzten Jahrzehnte haben ihre Gültigkeit verloren, beispielsweise die »Idee des zweiten Kreises« von David Ben-Gurion, der gesagt hat: »Wir sind umgeben von arabischen Feinden, also lasst uns Bündnisse schließen mit den nicht-arabischen Feinden, die die Araber umgeben, das heißt mit Persien, mit der Türkei und mit afrikanischen Staaten.« Gleiches gilt auch für die »Theorie des schiitischen Halbmonds«, die empfiehlt, sich mit prowestlichen arabischen Staaten zu arrangieren. Die sunnitischen Staaten brauchen zunehmend die Legitimation durch die Bevölkerung und kochen deshalb immer mehr ihr eigenes Süppchen. Die Meinung der Straße wird für die Entscheidungsträger im arabischen Raum immer wichtiger. Zudem wird der Graben zwischen Israel und Europa zusehends größer – eine Tatsache, die mir Sorgen bereitet.

RAINER SOLLICH: Welche Rolle spielt Präsident Mahmud Abbas? Ist er in der Lage, das Sicherheitsdilemma Israels zu lösen?

LOAY MUDHOON: Für viele ist der Umgang mit Mahmud Abbas eine Lehre. Die Mehrheit der Araber und auch der Israelis halten Abbas für einen moderaten, glaubwürdigen und sicherlich friedenswilligen Politiker. Der Preis dafür ist, dass er inzwischen von den eigenen Bürgern nicht mehr ernst genommen wird, weil er seinem Volk keine politische Perspektive anbieten kann. Das Schicksal der moderaten Araber ist ein zentraler Punkt in der Diskussion um die Zukunft der neuen arabischen Welt. Der Sieg der Mainstream-Islamisten geht einher mit dem Niedergang der arabischen Säkularen oder Moderaten, also derjenigen, die eine freiheitlichere Gesellschaftsordnung im arabischen Raum anstreben. Jetzt müssen sich die »pragmatischen Islamisten« in den Regierungen von ihren überkommenen Ideologien verabschieden und zeigen, dass sie Antworten auf die epochalen Probleme der Region, die sozialen Fragen und die hohe Arbeitslosigkeit haben und dass sie die katastrophalen Reformblockaden lösen können. Ich befürchte jedoch, dass ihnen stattdessen eine militärische Eskalation sehr gelegen kommt. So können sie davon ablenken, dass Mursi in den nächsten Monaten und Jahren nicht in der Lage sein wird, die großen wirtschaftlichen Probleme in Ägypten zu lösen. Es besteht die akute Gefahr einer Rückkehr zu alten Reflexen und Feindbildkonstellationen, der moderate Kräfte in der Regel zum Opfer fallen. Das Schicksal von Mahmud Abbas steht wie ein Menetekel für eine solche Entwicklung.

Israel und seine »stürmische« Nachbarschaft

VON RAINER SOLLICH

Israel im Auge des Sturms? Aus israelischer Perspektive könnte die Versuchung nahe liegen, die Frage mit einem Achselzucken zu beantworten. Schließlich hat das Land dank seiner militärischen Stärke und strategischen engen Bindung an die USA und führende europäische Mächte schon viele »Stürme« überlebt. Militärisch betrachtet, ist es dabei fast immer als »Sieger« vom Platz gegangen, und zwar von Beginn an. Zur Erinnerung: Israel war gerade erst gegründet, da wagten mehrere arabische Länder einen Krieg gegen das Land. Israel siegte und hatte in der Folge mehr Territorien unter seine Kontrolle gebracht, als in dem von arabischer Seite abgelehnten *UN*-Teilungsplan für Palästina vorgesehen war. Ähnlich die Situation 1967: Noch vor dem sich abzeichnenden »Sturm« der Armeen Ägyptens, Syriens und Jordaniens holte Israel zum militärischen Präventivschlag aus und eroberte neben dem Gazastreifen und der Sinai-Halbinsel auch das Westjordanland, Ost-Jerusalem und die Golanhöhen. Auch spätere Kriege und militärische Auseinandersetzungen, wie mit der libanesischen *Hisbollah* oder der *Hamas* und anderen militanten Gruppen im Gazastreifen, konnten Israel weder im Kern militärisch schwächen, noch gar seine Existenz gefährden. Die Anzahl der Opfer und die Schäden waren auf gegnerischer Seite stets deutlich höher.

1. Absicherung der militärischen Dominanz

Israel strebt eine durch eigene nukleare Kapazitäten zusätzlich abgestützte militärische Überlegenheit in der Region an und bemüht sich, sie langfristig abzusichern. Dies ist der entscheidende Grund dafür, dass Israel seine sicherheitspolitischen Energien im regionalen Umfeld heute vorrangig und bis hin zur Androhung präventiver Waffengewalt in die Bekämpfung des iranischen Atomprogramms investiert. Ein atomar bewaffneter Iran, der die eigene militärische Dominanz in Frage stellen und im Extremfall sogar die eigene Existenz bedrohen könnte – das ist der eigentliche »Sturm«, vor dem Israel sich fürchtet. Demgegenüber hat es offenkundig keine Eile mit einer Lösung des Palästina-Konflikts und verfolgt die epochalen Umwälzungen in seiner arabischen Umgebung – einschließlich der Wahlerfolge islamistischer Bewegungen – eher abwartend. Eine »Gefahr im Verzug« wird hier, anders als im Falle des iranischen Atomprogramms, offenkundig nirgendwo gesehen: Israel hat bisher keinerlei erkennbare Strategie für den Umgang mit arabischen Transformationsstaaten wie Ägypten entwickelt, sondern reagiert nur von Fall zu Fall, wenn – wie beim Angriff auf die israelische Botschaft in Kairo – unmittelbar eigene Interessen tangiert sind. Zugleich bleibt es trotz zunehmender internationaler Kritik unnachgiebig in seiner Politik gegenüber den Palästinensern und baut weiter Siedlungen im Westjordanland.

Diese Politik und die ihr zugrunde liegende Prioritätensetzung entspringen nüchternem Kalkül. Israels Regierung weiß zwar, dass inzwischen – wohl auch aufgrund eines veränderten politischen Bewusstseins infolge des Arabischen Frühlings – bei jedem seiner Siedlungsvorhaben zunehmend deutliche Missfallensbekundungen aus Europa und sogar den USA zu erwarten sind. Es konnte nicht verhindern, dass den Palästinensern bei den Vereinten Nationen der Status eines Beobachterstaates zuerkannt wurde. Wirklich schmerzhafte Gegen- oder gar Strafmaßnahmen hat es im internationalen Kontext aber nicht zu befürchten. Die politischen oder wirtschaftlichen Druckmittel, die Europäer, Amerikaner und andere gegenüber Israel einsetzen könnten oder bereit wären, einzusetzen – sie bleiben begrenzt. Dies ist nicht allein mit historischer Verantwortung für den Staat Israel oder durch das Wirken proisraelischer Lobbyorganisationen zu erklären, sondern beruht auch auf dem politischen Bewusstsein, dass der jüdische Staat in der arabischen und islamischen Welt nach wie vor mit einer Vielzahl von Kräften konfrontiert ist, die ihm grundsätzlich feindselig gegenüberstehen. Solange dies so bleibt, dürfte Israel in den Entscheidungszentren westlicher Länder trotz aller Kritik immer auch von einem Sympathiebonus profitieren können, der sich freilich immer dann relativiert, wenn es in bewaffneten Konflikten unverhältnismäßig stark Gewalt einsetzt.

2. Skeptisches Abwarten gegenüber Ägypten

Nüchtern und kalkulierend ist auch Israels Blick auf die Umwälzungen in der Nachbarschaft: Dass in Ägypten mit dem Sturz des Regimes von Hosni Mubarak einer der wenigen Partner Israels in der Region weggebrochen und mit den Muslimbrüdern eine Bewegung zur dominanten Kraft aufgestiegen ist, die sich traditionell in Gegnerschaft zum jüdischen Staat positioniert – dies war für Israel zwar nicht zu übersehen und wird bleibend als potenziell gefährliche Entwicklung wahrgenommen, die auch weitere Länder wie Jordanien destabilisieren könnte. Gleichzeitig wissen Israels Politiker jedoch, dass die eigenen Einflussmöglichkeiten auf die ägyptische Innenpolitik minimal sind und Ägypten viele Jahre mit sich selbst, seinen inneren Konflikten und der schwierigen Wirtschaftslage beschäftigt bleiben wird. Der schon unter Mubarak eher »kalte« Frieden zwischen beiden Ländern dürfte deshalb nicht ernsthaft in Gefahr geraten, solange bei den Muslimbrüdern und in Ägypten überhaupt Realpolitiker das Sagen haben, denen bewusst ist, dass die milliardenschweren Militärhilfen aus den USA sowie internationale Wirtschaftshilfen für das Land auf absehbare Zeit unverzichtbar sind. All dies weiß Israel und wartet skeptisch ab. Es nimmt dabei auch diplomatische Nuancen zur Kenntnis, etwa dass der den Muslimbrüdern entstammende abgesetzte Präsident Mohamed Mursi beim letzten militärischen Konflikt zwischen Israel und der *Hamas* zwar rhetorisch ostentativ den Palästinensern beisprang, hinter den Kulissen aber dabei half, einen Waffenstillstand zu vermitteln. Eine gefährliche Situation könnte jedoch entstehen, wenn es Ägypten nicht gelingen sollte, die vom Sinai aus operierenden militanten Gruppen unter Kontrolle zu bringen und Israel sich selbst zu einem Eingreifen veranlasst sähe.

3. Schwer kalkulierbares Bedrohungspotenzial aus Syrien

Komplizierter ist der Fall in Syrien: Der mit äußerster Brutalität um seine Macht kämpfende Diktator Baschar Al-Assad war für Israel stets eine Art »berechenbarer Feind«: Einerseits unterstützte er jahrelang aktiv militante antiisraelische Gruppen wie *Hamas* und *Hisbollah*, gestattete großzügige Waffenlieferungen durch syrisches Staatsgebiet und spickt bis heute seine staatlich kontrollierten Staatsmedien mit massivster antiisraelischer Propaganda. Andererseits garantierte seine politische Herrschaft jedoch Ruhe an der israelisch-syrischen Grenze, weil er das eigene Staatsterritorium in den vergangenen Jahren aus allen von ihm unterstützten militärischen Konflikten mit Israel konsequent heraushielt: Trotz eines fehlenden Friedensabkommens gingen von der syrisch-israelischen Grenze bis zum Beginn des innersyrischen Machtkampfes niemals akute sicherheitspolitische Gefahren für Israel aus. Ob dies auch in Zukunft so bleiben wird, ist freilich ungewiss und hängt vom weiteren Konfliktverlauf in Syrien ab, den niemand vorhersehen kann. Die Auswirkungen auf Israel sind bei allen denkbaren Zukunftsszenarien genauso schwer kalkulierbar. So würde ein Sturz des Assad-Regimes zwar zunächst erheblich die schiitisch geprägte antiisraelische Achse aus Syrien, Iran und *Hisbollah* zugunsten der sunnitischen Staaten schwächen. Möglicherweise könnte sich mit Unterstützung der USA, der Türkei und der Golfstaaten sogar ein neues politisches System etablieren, das die aktive Unterstützung gewalttätiger antiisraelischer Organisationen reduziert oder einstellt. Doch ein Sturz des Regimes könnte für Israel auch neue Gefahren mit sich bringen, falls Syrien nach irakischem Beispiel in mehrere fragile oder miteinander rivalisierende Einflusszonen auseinanderfallen und in unmittelbarer Nachbarschaft des jüdischen Staates ein permanentes Sicherheitsvakuum entstehen sollte. Ein solches Vakuum könnten vor allem militante Islamisten sunnitischer Prägung als antiisraelisches Aktionsfeld nutzen. Solche Kräfte sind zwar keineswegs die Hauptströmung, aber unbestreitbar schon heute ein fester Bestandteil des militärischen Aufstands gegen Al-Assad.

4. Palästina-Konflikt bleibt der Schlüssel

Rein militärisch würde das konflikterprobte Israel ohne jeden Zweifel auch mit einer solchen Herausforderung zurechtkommen, wenngleich neue militärische Ressourcen für eine neue »Front« bereitgestellt werden müssten. Denn Syrien würde im Falle eines solchen Szenarios zu einem weiteren grenznahen Konfliktherd wie Gaza und Südlibanon. Eine langfristig angelegte Sicherheitsstrategie müsste jedoch ebenfalls darauf angelegt sein, durch eigene politische Initiativen den antiisraelischen Ressentiments in der Region allmählich den Boden zu entziehen und nachhaltig das regionale Umfeld zu stabilisieren. Präventive Deskalationsstrategien hat Israel in den vergangenen Jahren jedoch vernachlässigt, die Sicherheitspolitik folgte primär dem Kalkül der militärischen Gefahrenabwehr oder bediente die Interessen der israelischen Siedlungsbewegung. In der jetzigen Umbruchsituation in der arabischen Welt wäre Israel allerdings auch im eigenen Interesse gut beraten, hier initiativ zu werden, statt nur auf mangelnde Kooperationsbereitschaft auf arabischer Seite zu verweisen. Denn von dort aus sind Annäherungsschritte infolge der Revolutionsbewegungen – etwa eine Neuauflage der arabischen Friedensinitiative von 2002

Blick vom Ölberg in Jerusalem auf die teilende Mauer im Osten des Landes

– derzeit kaum zu erwarten: Die Revolutionen hatten an sich zwar nichts mit Israel zu tun, sondern richteten sich gegen Willkür, Korruption und fehlende Partizipationsrechte im jeweils eigenen Land. Die regierenden Politiker in allen arabischen Ländern müssen aber heute stärker als früher die Meinung der Bevölkerungsmehrheiten berücksichtigen, die nach wie vor antiisraelisch ist. Eine »Normalisierung« der Beziehungen zum jüdischen Staat wird dort von vielen Menschen zumindest so lange abgelehnt, wie die Besetzung palästinensischer Gebiete andauert. Jede Annäherung der politischen Eliten an Israel käme da einem politischen Selbstmord gleich.

5. Keine politische Vision erkennbar

So sehr Israel wie jeder Staat dieser Welt ein Recht darauf hat, sich gegen äußere Bedrohungen auch militärisch zur Wehr zu setzen, so sehr müsste ihm auch im eigenen Interesse daran gelegen sein, seinen Gegnern möglichst viele Argumente aus der Hand zu nehmen. Das wichtigste und derzeit einzig bespielbare Aktionsfeld für eine konfliktentschärfende Initiative von israelischer Seite wäre der Konflikt mit den Palästinensern, der nach wie vor nur in Form einer Zwei-Staaten-Lösung dauerhaft beigelegt werden kann. Auch wenn die dafür notwendigen Kompromisse auf beiden Seiten infolge des israelischen Siedlungsbaus und der Spaltung des palästinensischen Lagers immer schwieriger erreichbar scheinen. Ohne eine Lösung des Palästina-Konflikts wird Israel auch langfristig keine Chance haben, sich als »normaler« Staat unter anderen in sein schwieriges geopolitisches Umfeld zu integrieren. Dies wäre sicherheitspolitisch jedoch von nachhaltigerer Wirkung als ständige Neuanpassungen der militärischen Abwehrsysteme und des Verteidigungsetats. Denn ob der Arabische Frühling wirklich dauerhaft in einen »islamistischen Winter« mündet oder ob auch dies nur eine Zwischenepisode darstellt, und welche Entwicklungswege gewichtige Nachbarländer wie Ägypten, Syrien und das ebenfalls zunehmend instabil erscheinende Jordanien dann noch nehmen werden: All dies bleibt vorerst offen. Evident ist jedoch, dass Israels Umfeld auf absehbare Zeit »stürmisch« bleiben wird. Das Land scheint darauf militärisch gut, politisch jedoch nur mangelhaft vorbereitet. Es braucht hierfür eine tragfähige politische Vision.

Rainer Sollich im Gespräch mit Bernadette Schwarz-Boenneke

III. Deutsch-israelische Beziehungen

Israel und Deutschland

Eine »schwierige Freundschaft«?

VON JOACHIM HÖRSTER

Die deutsch-israelischen Beziehungen sind wegen der Judenverfolgung im Dritten Reich durch ein besonderes Verhältnis gekennzeichnet. Im März 1952 begannen die junge Bundesrepublik Deutschland und der junge Staat Israel, sich politisch einander anzunähern. In Verhandlungen im niederländischen Wassenaar ging es um die Frage, ob und wie Deutschland wegen der Verbrechen während der Nazi-Zeit Wiedergutmachung leisten könne. Zur Debatte standen Warenlieferungen an den israelischen Staat und Reparationszahlungen an die überlebenden Opfer des Nationalsozialismus. Aber wie viel muss man für den Tod eines Menschen zahlen? Darüber gab es während der darauffolgenden sechs Monate heftige Diskussionen. Mit der Unterzeichnung des Abkommens am 10. September 1952 in Luxemburg wurde schließlich entschieden, dass Deutschland die Kosten für die Eingliederung überlebender Flüchtlinge in Israel übernimmt und Israel durch Warenlieferungen unterstützt.

Mit der Unterzeichnung des Vertrags verfolgten David Ben Gurion und Konrad Adenauer auch handfeste politische Interessen: Bundeskanzler Adenauer wollte Deutschlands Westintegration vorantreiben. Eine Bedingung dafür war die Wiedergutmachungsvereinbarung mit Israel. Der israelische Premierminister hingegen wollte den Aufbau des israelischen Staates beschleunigen. Beide setzten sich schließlich gegen Kritiker in den eigenen Parlamenten und der eigenen Bevölkerung durch. Gegner des Abkommens gab es vor allem auf Seiten der überlebenden Opfer des Holocaust. Viele glaubten zum Beispiel nicht, dass Deutschland wirklich seinen finanziellen Verpflichtungen nachkommen würde. Widerstand gab es aber auch in Deutschland: Manche meinten dort, dass Israel gar kein Recht auf Reparationen habe, da der Staat erst nach dem Krieg gegründet worden war.

Das Abkommen bedeutete den entscheidenden ersten Schritt auf dem schwierigen Weg zur Aussöhnung zwischen Juden und Deutschland: Die Bundesrepublik hatte als demokratisch legitimierter Staat ohne den Zwang durch die Siegermächte ihre historische Verantwortung anerkannt. Dies stellte eine entscheidende Wegmarke bei der innergesellschaftlichen Bewältigung der NS-Verbrechen dar. Beim Luxemburger Abkommen von 1952 waren Zahlungen von umgerechnet rund 1,53 Milliarden Euro vereinbart worden. Seitdem ist die Frage der Entschädigung ein wichtiges politisches Thema im Verhältnis zwischen Israel und der Bundesrepublik Deutschland. Insgesamt beliefen sich bisher deutsche Entschädigungsleistungen an in Israel lebende NS-Verfolgte auf umgerechnet rund 26,5 Milliarden Euro. Jährlich werden circa 370 Millionen Euro an Entschädigungsrenten (überwiegend nach dem Bundesentschädigungsgesetz – BEG) und verwandten Leistungen an Empfänger in Israel ausgezahlt. Hinzu kommen weitere erhebliche Entschädigungsleistungen in der Sozialversicherung und im Lastenausgleich. Seit Einrichtung der Stiftung »Erinnerung, Verantwortung und Zukunft« im Jahr 2000 wurden auch aus deren Mitteln Entschädigungsleistungen an ehemalige Zwangsarbeiter ausgezahlt.

Aus Anlass des vierzigsten Jahrestages der Aufnahme diplomatischer Beziehungen zwischen der Bundesrepublik und Israel im Mai 2005 formulierte das damalige Präsidiumsmitglied der Deutsch-Israelischen Gesellschaft Johannes Gerster: »Die deutsch-israelischen Beziehungen entwickelten sich nicht immer krisenfrei, aber stetig und verlässlich weiter.«[1]

Heute darf man ohne Übertreibung von wirklicher Freundschaft zwischen beiden Staaten und Völkern sprechen, was angesichts der grauenhaften Verbrechen des Dritten Reiches im letzten Jahrhundert eine einzigartige Entwicklung ist. »Normal« im Sinne unbefangener Selbstverständlichkeit können diese Beziehungen jedoch wohl niemals sein, jedenfalls noch lange nicht. Von einer vor Jahrzehnten noch weitverbreiteten, verständlichen antideutschen Stimmung in Israel ist heute nur noch wenig übrig. Folgende Faktoren belegen dies:

- Deutschland ist drittwichtigster Handelspartner Israels.
- Produkte *Made in Germany* genießen in Israel einen hervorragenden Ruf, deutsche Unternehmen sind bei der Vergabe von Infrastrukturprojekten gut aufgestellt.

[1] URL: http://www.kas.de/db_files/dokumente/die_politische_meinung/7_dokument_dok_pdf_6591_1.pdf (02.05.2013) S. 58.

- Israelische Geschäftsleute schätzen Deutschland als stärksten Wirtschaftspartner im EU-Binnenmarkt.

In seiner Rede vor den Abgeordneten des Deutschen Bundestages am 27. Januar 2010 führte Staatspräsident Shimon Peres aus: »[...] Von Konrad Adenauer, der mit David Ben-Gurion eine gemeinsame Sprache fand, bis zum Kniefall Willy Brandts im Andenken an die Helden des Warschauer Ghettos. Und Sie, Abgeordnete des Bundestages und des Bundesrates, von Helmut Schmidt bis Helmut Kohl, und andere Führungspersönlichkeiten, Sie haben die Grundmauern gefestigt und dem Bau noch weitere Steine der Freundschaft hinzugefügt. Gesellschaftspolitische Institutionen, Wirtschaftsorganisationen, Kulturzentren, Intellektuelle, Entscheidungsträger und Praktiker – sie alle haben dieses außergewöhnliche Freundschaftsgewebe bereichert.«[2]

Deutschland steht heute in einem einzigartigen Verhältnis zu Israel. Dieses Verhältnis wird auch durch Kontroversen im Bereich der Siedlungspolitik oder der Friedensbemühungen im Nahen Osten nicht geschmälert. Ganz im Gegenteil, erst durch eine intensive Diskussion können Argumente und Positionen verstärkt oder geändert werden, so dass letztlich auch ein Konsens entstehen kann. Ferner zeigen die Erwägungen über eine mögliche Umbenennung des »Zentralrats der Juden in Deutschland« in »Zentralrat der deutschen Juden«, die von der damaligen Präsidentin Charlotte Knobloch angestellt wurden, dass sich das Verhältnis der deutschen Juden zu unserem gemeinsamen Land auch zukunftsorientiert gestaltet. Im Rahmen dieser Diskussion äußerte sich der in Tel Aviv geborene Historiker Michael Wolffsohn folgendermaßen: »Wer lange und freiwillig in diesem Land lebt, ist irgendwann deutsch. Alles andere ist Selbstbetrug.«[3] Dem kann ich nur beipflichten. Die vierten deutsch-israelischen Regierungskonsultationen im Dezember 2012 in Berlin unterstrichen einmal mehr die besonders guten und belastbaren Beziehungen zwischen Deutschland und Israel.

Deutschland steht heute in einem einzigartigen Verhältnis zu Israel.

Diese Regierungskonsultationen, die seit 2008 bestehen, standen 2012 unter dem Motto »Innovation, Bildung und Nachhaltigkeit«. Dieses Motto beinhaltete wesentliche Punkte der Zusammenarbeit der beiden Staaten. Bereits seit Jahren besteht eine enge Kooperation im Bereich Forschung zwischen beiden Ländern, denn auch Israel investiert viel in die Entwicklung von Bildung und Forschung. Hervorzuheben sind in diesem Zusammenhang auch deutsch-israelische Wasserprojekte in

---

[2] URL: http://www.bundestag.de/kulturundgeschichte/geschichte/gastredner/peres/rede.html (02.05.2013).
[3] URL: http://www.fr-online.de/home/zentralrat-der-juden-eine-frage-der-identitaet,1472778,3276594.html (02.05.2013).

Angela Merkel und Benjamin Netanjahu beim Abschluss der deutsch-israelischen Konsultationen im Dezember 2012 in Berlin

Afrika, die zu trilateralen Projekten ausgebaut wurden und weiter ausgebaut werden sollen. Ein weiterer Pfeiler deutsch-israelischer Zusammenarbeit ist der intensive kulturelle Austausch. Die »Aktion Sühnezeichen Friedensdienst« ist hierfür ein gutes Beispiel. Seit der Gründung der Aktion im Jahr 1961 haben über 1.500 freiwillige Jugendliche aus Deutschland und Israel an Projekten teilgenommen. Das Interesse in beiden Ländern an Projekten des Jugendaustauschs ist permanent gestiegen; 2010 haben sich rund 9.000 Jugendliche aus beiden Ländern an Austauschprogrammen beteiligt. Der im Jahr 2011 begonnene Austausch von Auszubildenden soll in den kommenden Jahren verstärkt werden.

In ihrer Rede anlässlich der Verleihung der Ehrendoktorwürde der Universität Tel Aviv im Jahre 2011 betonte Bundeskanzlerin Dr. Angela Merkel im Hinblick auf das gestiegene Interesse am Jugendaustausch: »Dadurch, also vor allen Dingen durch menschliche Begegnungen, entstehen starke und belastbare Beziehungen.« Und weiter: »Nichts – davon bin ich zutiefst überzeugt – kann den persönlichen Kontakt ersetzen, sei es im Rahmen von Wissenschaft, Kultur oder Jugendbegegnung.«[4]

[4] Rede der Bundeskanzlerin Angela Merkel am 01.02.2011: URL: http://www.bundeskanzlerin.de/Content/DE/Rede/2011/02/2011-02-01-ehrendoktorwuerde-tel-aviv.html (11.02.2013).

Die deutsch-israelischen Beziehungen sind stabil und belastbar und werden dies auch in Zukunft bleiben. Die Bundesregierung hat klar zu verstehen gegeben, dass Israel die einzige Demokratie in der Region ist, mit der Deutschland nicht nur eine strategische Partnerschaft unterhält, sondern mit der unser Land auch intensiv und freundschaftlich zusammenarbeitet. Die in den letzten Jahrzehnten gewachsenen vertrauensvollen Beziehungen sind auch stark genug, Kritik und unterschiedliche politische Einschätzungen auszuhalten. Es ist kein Geheimnis, dass die Bundesregierung der israelischen Siedlungspolitik mit deutlicher Kritik begegnet und dies auch äußert. Weiterhin bleibt es Teil deutscher Außenpolitik, dass nur eine Zwei-Staaten-Lösung auf Dauer Stabilität und Sicherheit für Israel und das palästinensische Volk sichern kann.

Deutschland wird für Israel auch in Zukunft ein verlässlicher Partner bleiben. 2015 jährt sich die Aufnahme diplomatischer Beziehungen unserer beiden Länder zum fünfzigsten Mal. Dies scheint mir ein guter Anlass, die Verbundenheit und vielfältige Zusammenarbeit im politischen, wirtschaftlichen und kulturellen Bereich gebührend zu würdigen.

Was gesagt wurde

Der Fall Günter Grass und die innerisraelische Kritik

VON ALEXANDRA BELOPOLSKY

»Auch wenn ich mich vielleicht nicht jedem Wort und jedem Gedankengang in diesem Gedicht anschließen würde, gratuliere ich Grass dennoch für seinen Mut. Und ich hoffe, dass das Gedicht, in welcher Form auch immer, tatsächlich zur Ausgewogenheit der israelischen und internationalen Debatte über die uns unmittelbar betreffenden, realen Gefahren beiträgt.«[1]

Am 4. April 2012 veröffentlichte die *Süddeutsche Zeitung* das Gedicht »Was gesagt werden muss« des Schriftstellers und Nobelpreisträgers Günter Grass.[2] In diesem Gedicht, über dessen literarische Ausarbeitung und Stil sich streiten lässt, übt Grass heftige Kritik an Israels Politik der atomaren Zweideutigkeit und Deutschlands Haltung dazu. In beiden Ländern reagierte die Öffentlichkeit unmittelbar auf die Zeilen von Grass. Der Gesandte der israelischen Botschaft in Deutschland Emmanuel Nahshon verglich das Gedicht von Grass mit antisemitischen Hasspamphleten des Mittelalters. So heißt es auf der Internetseite der Botschaft: »Früher waren es christliche Kinder, deren Blut die Juden angeblich zur Herstellung der Mazzen verwendeten, heute ist es das iranische Volk, das der jüdische Staat angeblich auslöschen will.«[3] Als die ersten Meldungen über das Gedicht und insbesondere die Reaktion der eigenen Botschaft darauf in Israel bekannt wurden, kam es, wie nicht anders zu erwarten, auch dort zu einer Debatte. Während jedoch die Kritiker in Deutschland Grass fast durchweg mehr oder weniger scharf für sein Gedicht verur-

---

[1] Jehudai, Mosche: »Günter Grass' message«. In: Hagada Hasmalit, 17.04.2012: URL: http://hagada.org.il/2012/04/17/%D7%94%D7%9E%D7%A1%D7%A8-%D7%A9%D7%9C-%D7%92%D7%99%D7%A0%D7%AA%D7%A8-%D7%92%D7%A8%D7%90%D7%A1 (27.03.2013).

[2] Grass, Günter: »Was gesagt werden muss.« In: Süddeutsche Zeitung, 04.04.2012. URL: http://www.sueddeutsche.de/kultur/gedicht-zum-konflikt-zwischen-israel-und-iran-was-gesagt-werden-muss-1.1325809 (27.03.2013).

[3] Newsletter der Botschaft des Staates Israel, 04.04.2012. URL: http://nlarchiv.israel.de/2012_html/04/Infobrief%20vom%2004.04.2012a.htm#n1 (28.03.2013).

teilten, entzündete sich in den israelischen Medien eine Diskussion, in der neben den ablehnenden auch prominente Stimmen zur Unterstützung von Grass laut wurden. Ironischerweise wurden all die Dinge, die Grass selbst als Gründe für sein Schweigen in der Vergangenheit in seinem Gedicht benennt, herangezogen, um seine Zeilen zu kritisieren und ihn persönlich anzugreifen. Viele der Kritiker werfen Grass Antisemitismus oder dessen Unterstützung vor. Grass sei ein Nazi, was seine Vergangenheit in der Waffen-SS belege.[4] Manche gingen sogar so weit, dem Autor zu unterstellen, er propagiere Mord, Massaker und den Genozid.[5] Andere lehnten das Gedicht als bar jeder Grundlage ab, kritisierten es als einen pathetischen und zu späten Versuch des Schriftstellers, über die israelische Atompolitik zu sprechen[6] oder bezeichneten es einfach als Ergebnis einer Altersverwirrtheit. Wieder andere sprachen Grass schließlich das »moralische und historische« Recht ab, überhaupt Kritik an Israel zu üben, obwohl man den Äußerungen im Gedicht zustimmte.[7] Die israelische Regierung urteilte Grass öffentlich ab. Der Presse gegenüber bezeichnete Ministerpräsident Benjamin Netanjahu die Aussagen von Grass als »ignorant und verwerflich« und die Beweggründe des Autors als antisemitisch. »Der schändliche Vergleich,« so Netanjahu, »den Günter Grass zwischen Israel und dem Iran zieht, einem Regime, das den Holocaust negiert und zur Vernichtung Israels aufruft, sagt nur sehr wenig über Israel, doch dafür umso mehr über Herrn Grass«. Aufgrund der Tatsache, dass Günter Grass seine Vergangenheit in der Waffen-SS über sechzig Jahre verschwiegen habe, sei es »nicht überraschend, dass er im einzigen jüdischen Staat die größte Bedrohung für den Weltfrieden sieht und es ablehnt, dass dieser Staat sich mit Mitteln der Selbstverteidigung ausrüstet«. Damit spielte Netanjahu wohl darauf an, dass Grass aus seiner Sicht ein Nazi war und immer bleiben werde.[8] Am 8. April 2012, also vier Tage nach Veröffentlichung des Gedichts, erklärte Israels Innenminister und Vorsitzender der ultraorthodoxen *Schas*-Partei, Eli Jischai, Günter Grass zur Persona non grata in Israel. Gleichzeitig wurden in Israel jedoch auch zahlreiche Stimmen zur Verteidigung von Grass und dessen Gedicht laut, und zwar mit einer solchen ungehemmten Rhetorik und teilweise solcher Radikalität, wie sie

---

[4] Shine, Haim: »Was getan werden muss.« In: Walla!, 11.04.2012. URL: http://news.walla.co.il/?w=//2524173 (27.03.2013).

[5] Barak, Amit: »On the hypocrisy.« In: NRG Maariv, 09.04.2012. URL: http://www.nrg.co.il/online/1/ART2/355/922.html (27.03.2013); Eliasch, Jair: »No entry for anti-Semites.« In: Mako, 11.04.2012. URL: http://www.mako.co.il/video-blogs-specials/Article-d178d2106bc9631006.htm (27.03.2013).

[6] Segev, Tom: »Günter Grass' poem: Not anti-Semitic, pathetic.« In: Haarez, 05.04.2012. URL: http://www.haaretz.co.il/news/world/1.1680053 (27.03.2013).

[7] Golden, Schay: »Günter Grass has no moral right to speak against Israel.« In: NRG Maariv, 05.04.2012. URL: http://www.nrg.co.il/online/1/ART2/353/964.html (27.03.2013).

[8] Ravid, Barak: »Netanjahu against Grass: No surprise that man who hid his SS past views Israel as threat.« In: Haarez, 05.04.2012. URL: http://www.haaretz.co.il/news/politics/1.1680599; Bender, Arik: »Netanjahu on Günter Grass: His words are ignorant and shameful.« In: NRG Maariv, 05.40.2012. URL: http://www.nrg.co.il/online/1/ART2/354/098.html (28.03.2013).

weder unter den Befürwortern des Gedichts in Deutschland, noch bei Grass selbst zu finden waren.

Die Diskussion über Grass' Gedicht in der deutschen Öffentlichkeit ist bekannt. Der vorliegende Artikel spiegelt einer deutschen Leserschaft die israelische wider. Selbstredend gab es auch in Israel, wie die Einführung zeigte, Kritik, Ablehnung und Zustimmung. Der Schwerpunkt wird hier auf eine Analyse der Zustimmungen gelegt und zwar mit der Frage danach, wer diese geäußert hat, welche Gegenargumente galten oder nicht und wie die Zustimmung zur Sachfrage zu Grass differenziert wurde. Zu diesem Zweck wurden Veröffentlichungen aus den online-Ausgaben der israelischen Mainstream-Presse, der eher gemäßigten *Maariv (NRG)* und der eher linksliberalen *Haarez* sowie aus einer Reihe unabhängiger Medien herangezogen. Bemerkenswert ist, dass die Debatte vornehmlich unter den vierzig- bis sechzigjährigen Journalisten und Bloggern stattfand. Darüber hinaus lässt sich feststellen, dass die Mehrheit der israelischen Kommentatoren, die »Was gesagt werden muss« unterstützten, sich auch generell stärker mit dem Thema der deutsch-israelischen Beziehungen beschäftigt. Unter der politisch engagierten Jugend, die solche Debatten in der Regel in sozialen Netzwerken führt, war die Reaktion auf Günter Grass und sein Gedicht eher gering. Hier wurden in der Regel verstärkt aktuelle innerisraelische Themen diskutiert, wie die Angriffe auf afrikanische Flüchtlinge im Süden Tel Avivs, die *J14*-Bewegung[9], die Luftangriffe auf den Gazastreifen und der tätliche Angriff des israelischen Kommandeurs Shalom Eisner auf einen dänischen Aktivisten.[10]

Auch in Israel gab es Kritik, Ablehnung und Zustimmung als Reaktion auf Grass' Gedicht.

Unter den israelischen Verteidigern von Grass herrschte überwiegend die Meinung, der Schriftsteller sei für »Was gesagt werden muss« im Wesentlichen aus folgenden Gründen angegriffen worden:

- weil er die Politik des israelischen Staates überhaupt kritisiert hatte;
- weil er einen ganz bestimmten Aspekt der israelischen Politik kritisiert hatte, nämlich das Thema Atomwaffen und die Atompolitik, was als Tabubruch gilt;
- weil die Person, die diese Kritik übte, weder Jude noch Israeli war;

[9] J14 ist der Codename für die Demonstrationen, die am 14. Juli 2011 begannen und sich für mehr soziale Gerechtigkeit in Israel einsetzten.

[10] Siehe dazu: URL: http://www.spiegel.de/politik/ausland/israel-offizier-nach-angriff-auf-aktivisten-suspendiert-a-827818.html (29.05.2013).

- und schlussendlich – und am gravierendsten von allen Punkten – aufgrund der Tatsache, dass es sich bei dieser Person um einen Deutschen handelte.

Nach ihrer Auffassung hatte all dies aus Grass ein leichtes Ziel gemacht und eine Debatte ermöglicht, in der es vornehmlich um Angriffe auf die Person des Schriftstellers ging, anstatt sich tatsächlich mit dem Thema auseinanderzusetzen, das dieser angesprochen hatte – nämlich Israels Atomwaffen.

Entgegen der Reaktion der israelischen Botschaft war es unter den israelischen Befürwortern Konsens, dass das Gedicht keine Verleumdungen enthielt und dass Grass zudem jedes Recht besaß zu sagen, was er gesagt hatte. Was den Dienst des Schriftstellers in der Waffen-SS betraf, so berief man sich auf die rund siebzig Jahre, die seitdem vergangen waren und in denen sich Grass in ihren Augen als Kämpfer für den Liberalismus und als Intellektueller hervorgetan hatte. Insofern könne er nicht in einem Atemzug mit den Nazis genannt werden. Für die israelischen Kommentatoren, die Grass verteidigen, sind die Angriffe Israels auf den deutschen Schriftsteller Teil der langjährigen politischen Agenda des Staates. Ihrer Auffassung nach nutzt der israelische Staat den Holocaust als Verhandlungsinstrument, um zum einen jede Kritik von außen, das heißt aus Deutschland wie auch aus dem Rest der Welt, zum Schweigen zu bringen, zum anderen um den Staat Israel mit den Juden überall auf der Welt gleichzusetzen, und nicht zuletzt um die Schuldgefühle der Deutschen Israel gegenüber auf ewig zu nähren. Sie sind der Ansicht, Israel nehme die Rolle des ewigen Opfers ein, um nationalistische Gefühle innerhalb des Staates zu schüren, um eigenes Fehlverhalten zu rechtfertigen, um enormen Druck auf Deutschland ausüben zu können und um von den Problemen im Land selbst abzulenken. So äußert sich der israelische Journalist Awischay Matiyah wie folgt: »Wir brauchen einen Feind, denn dieser Feind legt fest, wer wir sind. Der Feind vereint uns. Der Feind lässt uns gut und gerecht erscheinen. Der Feind ist der Sauerstoff des Landes. Was sollten wir ohne Feinde überhaupt anfangen? Uns etwa um die katastrophale Lage der Wirtschaft kümmern? Den Zusammenbruch des Gesundheitswesens angehen? Uns im Morast unseres Bildungswesens suhlen? Zugeben, dass wir gewalttätig, trunksüchtig, oberflächlich, tumb und ohne Moral sind? Gezwungenermaßen auf das schauen, was von der zionistischen Vision übrig geblieben ist und uns selbst schämen?«[11]

[11] Matiyah, Awischay: »A victim with a moustache.« In: Globes, 09.04.2012. URL: http://www.globes.co.il/news/article.aspx?did=1000740243 (27.03.2013).

Was die konkreten Vorwürfe betrifft, die Grass Israel gegenüber macht, auch wenn er schreibt, »das behauptete Recht auf den Erstschlag, der das von einem Maulhelden unterjochte und zum organisierten Jubel gelenkte iranische Volk auslöschen könnte [...] gefährdet den ohnehin brüchigen Weltfrieden«[12], so sind sich die meisten der hier zitierten Autoren einig, Grass weise vollkommen zu Recht auf die Gefahren hin, die Israels Atompolitik mit sich bringe. Ein atomarer Angriff auf den Iran erscheine tatsächlich als plausible Option und Deutschland spiele in dieser Politik sehr wohl eine Rolle, indem es nämlich Israel mit U-Booten beliefere, die als Träger für Atomraketen genutzt werden können, deren Einsatz zu einem Atomkrieg führen könnte.

1. »Wie ich lernte die Bombe zu lieben«: Israels Nuklearfähigkeit und der Iran

In einem ausführlichen Beitrag unter dem Titel »Günter Grass ist kein Antisemit« nimmt Yossi Gurviz, ein bekannter Blogger aus der linken Szene, in seinem Blog *Friends of George* (benannt nach George Orwell)[13] Punkt für Punkt Stellung zu Israels Atompolitik. Aus seiner Sicht gibt es ausreichend Gründe dafür, zu behaupten,

- dass Israel tatsächlich über Atomwaffen verfüge (trotz seiner zweideutigen Politik);
- dass diese Waffen keiner Kontrolle zugänglich seien;
- dass Israel bereits seit zwanzig Jahren darüber spreche, den Iran anzugreifen und der Staat den Einsatz von Atomwaffen im Fall eines solchen Angriffs nicht ausschließe;
- dass deutsche U-Boote bei einem solchen Angriff dann vermutlich auch zum Einsatz kämen;
- und dass Netanjahus Rhetorik das iranische Volk in einer solchen Weise dämonisiere, dass ein Genozid an ihnen legitimiert wäre.

Jede dieser Behauptungen stützt er mit Links zu Artikeln über Israels nukleare Fähigkeiten sowie zu Zitaten von Netanjahu und anderen israelischen Regierungsbeamten.[14] Der Schriftsteller Yitzhak Laor, dessen deutsch-jüdischer Vater 1934 von Bielefeld nach Palästina auswanderte, erinnert daran, dass Grass nicht »der Erste« gewesen sei, »der behauptet, dass das israelische Beharren auf die Verewigung der Besatzung zu einem lang anhaltenden gewaltsamen Konflikt führen würde, der

[12] Grass: »Was gesagt werden muss.« (27.03.2013).
[13] Siehe auch: URL: http://ygurvitz.wordpress.com/
[14] Gurviz, Yossi: »Günther Grass is not an anti-Semite.« In: Friends of George, 06.04.2012. URL: http://www.hahem.co.il/friendsofgeorge/?p=2868 (27.03.2013).

die Stabilität und das Wohl der Region gefährden würde [...]. Diese Behauptungen stehen schon viele Jahre im Raum, im In- wie im Ausland, und zwar ganz ohne die armselige Panikmache, die [in Israel] darüber ausgebrochen ist.«[15] Laor bezieht sich auf Kriegsverbrechen, die von der israelischen Regierung und der israelischen Armee begangen und von der breiten Öffentlichkeit vergessen wurden: im Abnutzungskrieg zwischen Ägypten und Israel (1968-1970), im Libanonkrieg 1982, im zweiten Libanonkrieg 2006 oder während der »Operation Gegossenes Blei« im Gazastreifen Ende Dezember 2008 bis Mitte Januar 2009. Nach Laor gibt es »im Gegensatz zum sehr guten Gedächtnis der Israelis für heroische Operationen, über die sich die Journalisten so gerne auslassen, eine Totalamnesie in Bezug auf das Ausmaß des Schreckens und des Leids, das Israel im Rahmen eines jeden Konflikts mit einem Staat des Nahen Ostens verursacht hat«.[16] Vor dem Hintergrund dieser Vergangenheit betrachtet Laor die Äußerungen von Grass über die potenzielle Gefahr, die von Israel für das iranische Volk ausgeht, und schreibt: »wenn sich Grass um das iranische Volk sorgt, und sich Israel darüber wundert, rührt diese Verwunderung nicht nur von einer Selbstgerechtigkeit her, auch wenn gerade die Selbstgerechten die besten Solisten für den nationalen Klagechor abgeben. [...] Sind Grass' Aussagen darüber, was Israel dem iranischen Volk antun könnte, übertrieben? Käme es zu einem Krieg, würde das Fernsehen hier abschätzig von ›überzogenen Verlustbehauptungen‹ [seitens des Iran] sprechen. Und damit Schluss. Und was würden sie über unsere Verluste sagen? Da würden wahre Klagelieder angestimmt.«[17]

Laut den israelischen Autoren, die sich positiv zu Grass äußerten, drückt das Gedicht genau das aus, was die Außenwelt über Israel denkt. In einem Leserbrief in der *Haarez* heißt es: »Grass hat laut ausgesprochen, was viele in Europa befürchten.«[18] Sogar der israelische Philosoph und Buchautor, Dr. Avner Cohen, ein Experte zu Fragen der israelischen Atombewaffnung[19], der zwar Grass Warnung vor Israels Missbrauch seiner atomaren Macht gegen den Iran als »völligen Unsinn« bezeichnete[20], hielt fest, Grass habe ein Tabu gebrochen, als er den Sonderstatus ansprach, den Israel in der Welt hinsichtlich seiner atomaren Bewaffnung erhalten habe. In dem Interview räumt Cohen ein, man könne nachvollziehen, wie und warum Grass

[15] Laor, Yitzhak: »What we forgot in the Grass affair.« In: Haarez, 16.04.2012. URL: http://www.haaretz.co.il/opinions/1.1686515 (27.03.2013).

[16] Ebd.

[17] Ebd.

[18] Ben-Zadok, Benjamin: »The intellectual's warning.« In: Haarez, 15.04.2012. URL: http://www.haaretz.co.il/opinions/letters/1.1685697 (28.03.2013).

[19] Cohen, Avner: Israel and the bomb. New York 1998.

[20] »Iran, Grass and the Holocaust.« Avner Cohen in einem Gespräch mit Radio Kol Haschalom, 18.04.2012. URL: http://allforpeace.org/heb/sharon1842012 (28.03.2013).

zu seinen Schlussfolgerungen gekommen sei. Es gäbe eine »entscheidende Verbindung zwischen Auschwitz, Deutschland und der deutschen Schuld sowie dem [Kernreaktor in] Dimona und dem, was in Israel und im Rest der Welt als das Recht des israelischen Staates auf Defensivkraft angesehen wird, damit sich Auschwitz nie wiederholt«[21] In diesem Zusammenhang verweist Eli Aminov auf die Studie »Israels strategische Zukunft – Projekt Daniel«[22], die Ariel Scharon 2004 als Ergebnis einer Zusammenarbeit zwischen hochrangigen Vertretern des israelischen Militärs und amerikanischen Wissenschaftlern vorgelegt wurde. In diesem Bericht wird eindeutig formuliert: Sollte ein arabisches oder muslimisches Land des Nahen Ostens augenscheinlich Massenvernichtungswaffen entwickeln können, müsse Israel jedes Mittel – einschließlich eines Präventivschlags – einsetzen, um dies zu verhindern. Darüber hinaus heißt es, Israel müsse seine bisherige Politik der atomaren Zweideutigkeit aufgeben und stattdessen seine Zweitschlagfähigkeit aufzeigen, also eingestehen, dass das Land de facto über Atomwaffen verfügt. Aminov weist darauf hin, dass einige der in dem Bericht unterbreiteten Vorschläge schon Anwendung fänden. »Laut ausländischen Zeitungsberichten hat Israel bereits damit begonnen, einige Punkte aus dem Plan zur ›strategischen Zukunft‹ gegen den Iran umzusetzen. Die Ermordung iranischer Kernforscher, der Aufbau eines Raketensystems insbesondere aus U-Booten zum Abschuss von Langstrecken-Atomraketen von verschiedenen Ozeanen sowie die Sabotage militärischer Einrichtungen – all das hat schon stattgefunden. Pläne zur Bombardierung von Einrichtungen, die unter Verdacht stehen, für nukleare Entwicklungen eingesetzt zu werden, werden seit über einem Jahr in Israel diskutiert. Und Vertreter der israelischen Regierung beziehen sich auf den Holocaust und Auschwitz, um die Welt davon zu überzeugen, der Iran gefährde die politische Ordnung nicht nur der Region, sondern der gesamten Welt, obwohl das Land nicht über eine einzige Atombombe verfügt. Bislang gibt es noch keine Anzeichen für die [Umsetzung der] Pläne.« Dass aber, so Aminov weiter, »solche Pläne in dem ›Strategiepapier‹ aufgeführt seien, rechtfertige die Warnung von Günter Grass vor der von Israel ausgehenden nuklearen Gefahr und seine Mahnung, das Land von einer weiteren Aufrüstung abzuhalten.«[23]

---

[21] Ebd.

[22] URL: http://www.haokets.org/wp-content/uploads/2012/04/2004_5_project-daniel.pdf (03.06.2013).

[23] Aminov, Eli: »The grooming of anti-Semitism.« In: Haokets, 21.04.2012. URL: http://www.haokets.org/2012/04/21/%D7%98%D7%99%D7%A4%D7%95%D7%97-%D7%94%D7%90%D7%A0%D7%98%D7%99%D7%A9%D7%9E%D7%99%D7%95%D7%AA (28.03.2013).

2. Antisemitismus als universelles Verteidigungsmittel

»Das allgemeine Verschweigen dieses Tatbestandes,
dem sich mein Schweigen untergeordnet hat,
empfinde ich als belastende Lüge
und Zwang, der Strafe in Aussicht stellt,
sobald er missachtet wird;
das Verdikt ›Antisemitismus‹ ist geläufig.«[24]

Nahshons Vergleich des Gedichts mit Hetzschriften über den Mord an christlichen Kindern belegte es automatisch mit dem Stempel des Antisemitismus – ein Attribut, dessen sich die Kritiker von Grass in Deutschland und Israel gerne bedienten. Grass' angenommener Antisemitismus wurde zu einem der wichtigsten Themen in der Debatte. Viele sprachen aus, was Grass seinerseits in seinem Gedicht vorweggenommen hatte: dass nämlich jegliche Kritik an Israels Politik aus dem Ausland dem Kritiker den Vorwurf des Antisemitismus einbrächte. Die Verteidiger von Grass prangerten genau diese Gleichsetzung von jeglicher Kritik an der Politik Israels mit Antisemitismus an. Sie waren sich einig, dass das Gedicht »keine Verleumdungen« enthalte, doch folge eben genau »die Bewertung des Gedichts als antisemitisch der Tradition, jede Kritik an Israel automatisch mit diesem Attribut zu belegen.«[25]

Am Tag der Veröffentlichung des Gedichts sprach Yossi Gurviz die ersten Berichte in Israel in der Fußnote eines Blogeintrags über ein anderes Thema an: »Günter Grass hat ein Gedicht geschrieben, in welchem er unbequeme Wahrheiten nennt: dass Israel, anders als der Iran, über nicht-deklarierte Kernwaffen verfüge; dass die von Deutschland gelieferten U-Boote mit solchen Waffen bestückt werden sollten und dass Deutschland keine weiteren U-Boote liefern solle, bis Israel sich offiziell dazu verpflichtet habe, diese nicht mit Kernwaffen auszurüsten. Eine derartige Infragestellung von Israels Privilegien ist so frech, dass die israelischen Medien gar nicht anders können, als laut zu verkünden, dass der langjährige Unterstützer der *Sozialdemokratischen Partei Deutschlands* in seiner Jugend vor fast siebzig Jahren in der SS gedient hat. Was für ein Glück, über eine solch ultimative Waffe zu verfügen, sonst hätte noch jemand Grass ernst genommen«.[26] In einem ausführlichen Post zu diesem Thema schreibt Gurviz zwei Tage später: »Die Wahrheit ist niemals anti-

[24] Grass: »Was gesagt werden muss.«

[25] Levy, Gideon: »To be angry with Grass and to listen.« In: Haarez, 08.04.2012. URL: http://www.haaretz.co.il/opinions/1.1681588 (28.03.2013).

[26] Gurviz, Yossi: »The constant Hebron lie.« In: Friends of George, 04.04.2012. URL: http://www.hahem.co.il/friendsofgeorge/?p=2865 (28.03.2013).

semitisch. Es gab keine Verleumdungen hier, keinen Antisemitismus, keinen Vorwurf, dass die Juden das Blut von Kindern für rituelle Zwecke verwenden. Zudem hat die Kritik an Israels Politik nichts mit Kritik an den Juden oder dem Judentum zu tun. Die von israelischen Angestellten oft gemachte Behauptung, Kritik an Israel sei antisemitisch, rührt von der auto-antisemitischen Auffassung her, nach der Israel die Juden auf der ganzen Welt treu vertritt. Das ist jedoch nicht im Geringsten der Fall. Und diese Auffassung, die im Grunde auch die Juden zur Treue gegenüber Israel verpflichtet, die noch nie in Israel gelebt haben und die keine Bürger des Staates sind, ist in sich selbst ein Katalysator für den Antisemitismus. Hätte sich das israelische Außenministerium einen Funken Scham bewahrt, hätte es sich nicht mit den Äußerungen gegen Grass gewandt, wie geschehen. Dass das Außenministerium es dennoch getan hat, überrascht niemanden.« [27]

Dieser Blogeintrag ist die etwas ausführlichere, auf Hebräisch verfasste Version eines ähnlichen englischen Textes, den Gurviz einen Tag zuvor in dem unabhängigen, englischsprachigen israelischen Online-Magazin *+972* veröffentlicht hatte. Der englische Text ist nicht nur kürzer, sondern auch im Ton etwas gemäßigter. Es ist schwer zu sagen, ob Gurviz die harschere Ausdrucksweise in der hebräischen Fassung beabsichtigt hat, wohlwissend, dass sein Blog offene Türen einrennt, während sein englischer Beitrag möglicherweise auf weniger freundliche Resonanz stoßen könnte, oder ob dies allein darauf zurückgeht, dass der Autor aufgrund des späteren Veröffentlichungsdatums mehr Zeit zur Ausarbeitung hatte. Jedenfalls schließt der englische Text mit der Zeile: »Ein Gutes könnte aus dieser Angelegenheit erwachsen: dass nämlich die Leute lernen, auf israelische Aufschreie in Richtung Antisemitismus mit etwas mehr Gelassenheit und einem Seufzer ›die schon wieder‹ zu reagieren«.[28] Die hebräische Fassung verfolgt einen radikaleren Ansatz: »Das einzig Positive aus dieser ganzen Sache ist, dass die Leute beim nächsten Aufschrei Israels ›Antisemitismus, Antisemitismus!‹ lernen, dies zu ignorieren.«[29]

Einer der kritischsten Beiträge kommt von Eli Aminov. In »Die Hege und Pflege des Antisemitismus« erklärt Aminov: »Antisemitismus ist aktuell ein zentrales und solides Fundament für die israelische Einschüchterungsstrategie [zur Verfolgung] von Zielsetzungen nach innen und außen, die durch ein mächtiges Propagandasystem gestützt wird.« Die Verurteilung von Grass als Antisemit sei »ein perfektes Beispiel für den primitiven – bislang erstaunlich effektiven – Mechanismus, den

[27] Gurviz, Yossi: »Günther Grass is not an anti-Semite.« In: Friends of George, 06.04.2012.
[28] Gurviz, Yossi: »Despite Israeli charges, Gunter Grass is not an anti-Semite.« In: +972, 05.04.2012. URL: http://972mag.com/despite-israeli-accusations-gunter-grass-is-not-an-anti-semite/40250 (28.03.2013).
[29] Gurviz: »Günther Grass is not an anti-Semite.«

die zionistische Propaganda gegen die Kritiker der Besatzung und der Missstände aufführt«. Weiter heißt es: »Die zionistische Propagandastrategie [...] dient zwei [...] wichtigen Zielen: zum einen, die Juden auf der ganzen Welt zu Geiseln und menschlichen Schutzschildern der zionistischen Politik zu machen, die ›mit ihren Körpern‹ Israels Verbrechen ›abschirmen‹. Zum anderen sollen die Juden über das Antisemitismus-Argument verunsichert und dazu bewogen werden, nach Israel einzuwandern.« Er schließt mit der radikalen These: »Eine erfolgreiche Bekämpfung von Antisemitismus und Rassismus hätte es den Juden ermöglicht, als gleichberechtigte Bürger in den Ländern zu bleiben, in denen sie aktuell leben. Doch wovon würde sich der Zionismus ernähren, wenn das geschähe? [...] Ohne ein Tröpfchen Antisemitismus hat es der Zionismus wahrlich schwer zu gedeihen.«[30]

Ein zentraler Punkt in dieser Verteidigungslinie von Grass lautete schließlich, dass er, wie schon andere vor ihm, »die Meinung vieler zum Ausdruck« gebracht habe und dass man in Israel gut daran täte, »zu überlegen, was wir getan haben, dass solche Äußerungen von anderen gemacht werden«, statt Vorwürfe zu erheben.[31]

3. Deutschland und Israel – Günter Grass und der Holocaust

»Warum aber schwieg ich bislang?
Weil ich meinte, meine Herkunft,
die von nie zu tilgendem Makel behaftet ist,
verbiete, diese Tatsache als ausgesprochene Wahrheit
dem Land Israel, dem ich verbunden bin
und bleiben will, zuzumuten.«[32]

Ein weiterer Punkt, den Grass richtigerweise als Grund für sein Schweigen nennt, ist die Tatsache, dass er Deutscher ist. Zahlreiche seiner Kritiker sind der Auffassung, dass man als Deutscher nicht das Recht hat, sich über Israels Verteidigungsstrategie zu äußern – und am allerwenigsten stünde dies Grass selbst zu, der eingestanden hatte, eine kurze Zeit in der Waffen-SS gedient zu haben.

Israelische Grass-Verteidiger hingegen führen an, die nachhaltig bohrende Auseinandersetzung mit dem Holocaust habe Deutschland – und zwar seine Regierung wie auch einzelne Deutsche – paralysiert, wenn es darum gehe, Kritik an Israels

---

[30] Aminov: »The grooming of anti-Semitism.«
[31] Levy: »To be angry with Grass and to listen.«
[32] Grass: »Was gesagt werden muss.«

Politik zu üben. Da der Staat Israel, der nach dem Holocaust und als Reaktion darauf gegründet wurde, mit den Juden im Allgemeinen gleichgesetzt wird, ergebe sich daraus konsequenterweise, dass das Land, das den Holocaust initiierte, in tiefer Schuld zum Staat der Juden steht. Und da der Holocaust immer wieder als Rechtfertigung von Israel für seine Politik herangezogen werde, könnten Deutsche diese Politik nicht beurteilen, ohne daran erinnert zu werden, dass es gerade die Gräueltaten waren, die ihr Land vor über siebzig Jahren begangen hat, die zur Gründung des Staates Israel geführt haben. Folglich sei es nicht an ihnen, ein Urteil über die israelische Politik zu fällen.

Vor dem beschriebenen Hintergrund ist es nach Meinung israelischer Kritiker für viele Deutsche nicht möglich, angemessen mit der kognitiven Dissonanz umzugehen, die entsteht, wenn sie die Politik Israels als nicht richtig erachten. Aus ihrer Sicht ist es insofern nicht verwunderlich, dass »das Urteilsvermögen der Deutschen versagt, wenn es um Israel geht und das Thema oftmals Psychosen auszulösen scheint. Nur Deutsche können heutzutage Sätze äußern wie: ›Ich bin Anti-Nationalist und ich hasse jede Flagge, mit Ausnahme der israelischen, denn Israel ist die Antwort auf den Faschismus.‹[33] Das ist der Grund, warum auch noch so kluge Deutsche kopflos reagieren, wenn es um Israel geht.«[34]

Darf Grass Israel kritisieren? Das war ebenfalls eine der Fragen, mit der sich seine israelischen Verteidiger auseinandersetzten. Der allgemeine Tenor dazu lautete: Ja. »Grass darf seine Meinung äußern, auch wenn er Mitglied der Waffen-SS war. Sein Protest gegen das Schweigen der meisten europäischen Medien zum Thema Israel ist ein Protest, der nicht übergangen werden darf.«[35] Das Gedicht wurde dann als Ausgangspunkt für eine weitergehende Diskussion genutzt, die sich mit der folgenden Frage beschäftigte: »Hat Deutschland – der öffentlichen Meinung in Israel gemäß – nicht nur eine einzige Rolle, solange es noch Überlebende des Holocaust gibt: nämlich die des bedingungslosen Unterstützers Israels in sämtlichen Bereichen, ob in wirtschaftlicher, militärischer oder diplomatischer Hinsicht?«[36] Die allgemeine

[33] »The German Left against the Wiederveinigung and pro-Israel.« In: Haarez, 13.11.2009. URL: http://www.haaretz.co.il/news/world/1.1289953 (28.03.2013).

[34] Ilany, Ofri: »Solidarity with Günter Grass.« In: Erez Haemori, 05.04.2012. URL: http://haemori.wordpress.com/2012/04/05/grass (28.03.2013).

[35] Grinfeld, Lidia: »Silencing in the name of the Holocaust.« In: Haarez, 17.04.2012. URL: http://www.haaretz.co.il/opinions/letters/1.1687311 (28.03.2013).

[36] Spiro, Gideon: »Red Rag: May a German criticize Israel?« In: Hagada Hasmalit, 18.10.2012. URL: http://hagada.org.il/2012/10/18/%D7%A1%D7%9E%D7%A8%D7%98%D7%95%D7%98-%D7%90%D7%93%D7%95%D7%9D-%D7%94%D7%90%D7%9D-%D7%9E%D7%95%D7%AA%D7%A8-%D7%9C%D7%92%D7%A8%D7%9E%D7%A0%D7%99-%D7%9C%D7%91%D7%A7%D7%A8-%D7%90%D7%AA-%D7%99%D7%A9%D7%A8 (28.03.2013).

Günter Grass mit einer Ausgabe der SZ in seinem Atelier in Behlendorf am 05.04.2012

Ansicht unter den Verteidigern von Grass war, dass »ein Deutscher, der kein Holocaust-Leugner ist, der sich gegen Rassismus und Fremdenfeindlichkeit in Deutschland einsetzt und sich in Menschenrechtsorganisationen engagiert« – wie das bei Grass in den letzten siebzig Jahren der Fall war – nicht nur das Recht, sondern sogar die »Verpflichtung« hat, dies zu tun.[37]

Demgegenüber waren die Kritiker von Grass – darunter sogar einige, die sich grundsätzlich mit dessen Äußerungen im Gedicht einverstanden zeigten (wie Schay Golden) – der Meinung, Grass habe »weder das moralische noch historische Recht, diese [Kritik] laut zu äußern«.[38] Nach dem allgemeinen Tenor unter den israelischen Kommentatoren, die Grass zustimmten, war es jedoch »wichtig, dass die Kritik von einem angesehen Deutschen kommt, der im Gegensatz zu vielen Israelis aus der Nazizeit gelernt hat und sich kompromisslos für ein demokratisches und friedliebendes Deutschland engagiert.«[39] Die innerisraelische Debatte über die Nutzung des Holocaust durch die israelische Regierung als Verhandlungsinstrument begann nicht erst mit Günter Grass. So hieß es in einem Leitartikel der Haarez: »Die Affäre

[37] Ebd.
[38] Golden: »Günter Grass has no moral right to speak against Israel.«
[39] Spiro: »Red rag: Günther Grass and a freedom turned into slavery.«

Grass war nur eine winzige Anekdote im Vergleich zum Heranziehen des Holocaust in der Frage um iranische Atomwaffen. Hinter der vehement behaupteten Notwendigkeit, Irans nukleare Aufrüstung zu verhindern, steht die Angst vor einem ›zweiten Holocaust‹, der das jüdische Volk ins Unglück stürzen würde. Diese Angst wird von Netanjahu konsequent gefüttert. Als Vorsitzender der *Likud*-Partei sagte er bereits 2006 anlässlich der Jahrestagung der jüdischen Gemeinschaften Nordafrikas: ›Es ist das Jahr 1938, und der Iran ist Deutschland‹. Als Premierminister zeigte er während einer AIPAC-Versammlung[40] Schriftstücke des jüdischen Weltkongresses aus dem Jahr 1944, aus denen hervorgeht, dass die Amerikaner sich geweigert hatten, das Vernichtungslager Auschwitz zu bombardieren, und er kündigte an: ›Als Ministerpräsident Israels werde ich niemals zulassen, dass mein Volk im Schatten einer Bedrohung lebt.‹«[41]

Neben dem Punkt, ob ein Deutscher, oder überhaupt ein Nicht-Israeli, berechtigt sei, über das israelische Atomprogramm und die von Israel offen ausgesprochene Drohung gegenüber dem iranischen Staat und dem iranischen Volk zu sprechen, gab es noch eine weitere wichtige Frage, die diskutiert wurde. Es handelt sich dabei um eine weitreichende Frage, die die gemeinsame Geschichte von Deutschland und Israel sowie das politische Verhalten des deutschen Staates berührt, der in der Nachfolge auf das Naziregime im Dritten Reich die historische Verantwortung für den Holocaust übernommen hat. Und zwar geht es um die Frage, ob die deutsche Regierung tatsächlich die israelische Armee mit U-Booten beliefern sollte, die als Träger für Atomraketen genutzt werden können, wenn es dadurch möglicherweise zu einem atomaren Dritten Weltkrieg kommen könnte, dann ausgelöst von der israelischen Regierung. Ilany schreibt dazu: »In dem Maße, wie eine Umsetzung der Drohung eines Angriffs auf den Iran wahrscheinlicher wird, erscheint die wilde Lieferung von Atom-U-Booten aus Kiel nach Haifa zunehmend absurd.« Und weiter heißt es: »Merkels Deutschland befindet sich in einem Amoklauf (ein beliebter Ausdruck der Deutschen) beim Ausbau der Fähigkeit Israels, beträchtliche Teile der Welt zu vernichten.«[42]

Ilany fordert »israelische Linke, insbesondere diejenigen, die auf der Tel Aviv-Berlin-Achse leben« auf, Grass zu unterstützen und »jetzt nicht nachzulassen, die U-Boot-Lieferungen immer wieder anzusprechen und die öffentliche Debatte zu diesem Thema in Deutschland und in Israel voranzutreiben.« Er schreibt: »Meiner

[40] American Israel Public Affairs Committee.

[41] Haarez editorial: »The year is not 1938«. In: Haarez, 18.04.2012. URL: http://www.haaretz.co.il/opinions/editorial-articles/1.1688137 (28.03.2013).

[42] Ilany: »Solidarity with Günter Grass.«

Meinung nach muss jeder von uns jede Form der Begegnung zwischen Deutschen und Israelis, ob auf kultureller oder akademischer Ebene oder in persönlichen Beziehungen, nutzen, den Deutschen klar und deutlich zu sagen: ‚Hört endlich auf, Barak und Liebermann U-Boote zu liefern, mit denen die Welt vernichtet werden könnte! Damit lässt sich historisches Unrecht nicht wiedergutmachen. Ihr treibt nur neues Unrecht voran.« Ilany schließt seinen Kommentar mit der Erklärung: »Es lebe Günter Grass! Gebt die U-Boote an Deutschland zurück!«[43]

Wiederholt verurteilt Spiro die Lieferung deutscher U-Boote an Israel und unterstreicht seine »Ansicht zu dieser historischen Absurdität« wie folgt: »Deutschland, als verantwortlich für den ersten Holocaust, trägt als Entschädigung zum nächsten Holocaust bei, einem nuklearen Holocaust. Das Letzte, was die Region braucht, sind Atom-U-Boote.«[44] Diese Absurdität scheint von der Tatsache herzurühren, dass der Westen, und insbesondere Deutschland, unter der Annahme agiert, Israel habe ein Anrecht auf den Besitz von Atomwaffen sowie auf das besondere Vertrauen hinsichtlich der Verwendung dieser Waffen zur Verhinderung eines zweiten Holocaust, »denn Israelis werden als die einzige Nation betrachtet, die etwas wie den Holocaust erfahren hat, bei dem über ein Drittel des Volkes ausgelöscht wurde.«[45]

Grass hat dieses explosive Thema zu einem Zeitpunkt aufgegriffen, an dem die Bombardierung möglicher nuklearer Einrichtungen im Iran bereits seit Monaten in Israel diskutiert wurde, und zwar begleitet von Protesten, Facebook-Kampagnen und sogar einer kritischen Kunstausstellung.

4. Zusammenfassung

Folgendes ist festzuhalten: Auch wenn es in den Diskussionen um Deutschland beziehungsweise die deutsche Politik ging, so war doch der eigentliche Bezugspunkt stets die Politik Israels. Die Holocaust-Rhetorik (ein von den Autoren häufig verwendeter Begriff) der israelischen Regierung, über die Israel als von jeher bedrohtes Land der Opfer verewigt wird, wie auch die Bezugnahme auf den Holocaust zur Erlangung eines Sonderstatus für die israelische Außenpolitik, werden von den Autoren als Instrumentarien betrachtet, mit denen die Öffentlichkeit vom israelisch-palästinensischen Konflikt sowie den sozialen und wirtschaftlichen Problemen im Land selbst abgelenkt werden sollen.

---

[43] Ebd.
[44] Spiro: »Red rag: Günther Grass and a freedom turned into slavery.«
[45] Cohen: »Iran, Grass and the Holocaust.«

In einem Leitartikel der Haarez heißt es: »Es scheint, als drücke sich durch die Verwendung der Holocaust-Rhetorik in Verbindung mit Bedrohungen von außen ein Gefühl der inneren Bedrohung aus. An Israels Selbstvertrauen nagen grundlegende Probleme: das Fehlen anerkannter Grenzen, der Konflikt mit den Palästinensern, soziale Spannungen, das Unvermögen, eine allgemein anerkannte Verfassung zu entwerfen. Wenn solche fundamentalen und über Jahre ungelösten Themen mit einer externen Bedrohung zusammenstoßen, taucht der Schatten des Holocaust als traumatische Mahnung an das auf, was geschehen könnte. Netanjahu muss begreifen, dass der Bezug auf den Holocaust als Warnhinweis nicht als Ersatz dafür dienen kann, tatsächlich eine Lösung der Probleme anzugehen. Ein Beenden des israelisch-palästinensischen Konflikts, die Errichtung allgemein anerkannter Grenzen, die Stärkung von Bürgerrechten – all dies sind die wahren Garanten für die weitere Existenz Israels als jüdischer und demokratischer Staat.«[46]

Bei all dem übersieht ein Großteil der Autoren – ähnlich wie diejenigen, die Grass für seine Äußerungen angegriffen haben – ironischerweise die Kritik, die der Schriftsteller an seine eigene Regierung gerichtet hat. Auch Grass' Verteidiger richten ihr Augenmerk auf die israelische Regierung und äußern ihre Kritik weniger in Richtung der deutschen Regierung. Wenn sie denn über die deutsche Politik in Bezug auf Israel sprechen, sind die Aussagen unausgegoren; oder man äußert sich eher erklärend, entschuldigend oder vorwurfsvoll über die an die israelische Öffentlichkeit gerichtete Politik. Versuche, die deutsche Politik eingehender zu analysieren oder die deutsche Öffentlichkeit selbst zu erreichen beziehungsweise anzusprechen, finden weniger statt. Hier laufen die Verteidiger von Grass in dieselbe Falle wie seine Angreifer. Die Gründe, die Grass in seinem Gedicht für sein Schweigen bis dato über das Thema nennt, sind genau die Gründe, aus denen heraus er angegriffen wurde – und es sind dieselben Dinge, die seine Anhänger zu seiner Verteidigung heranziehen.

Andererseits waren die Reaktionen auf die Kritiker von Grass richtig. Hier wurden den angeblich falschen Anschuldigungen Fakten gegenübergestellt. Man widerlegte die Antisemitismus-Vorwürfe, demontierte die Holocaust-Rhetorik und rührte ein Thema an, das in Israel praktisch tabu ist, nämlich Deutschlands Wiedergutmachungspolitik gegenüber Israel.

---

[46] Haarez editorial: »The year is not 1938.«

Anhang

Den Bürger
stärken –
die Gesellschaft
fördern
HERBERT QUANDT-STIFTUNG

Die Autoren

CLAUDIA BAUMGART-OCHSE: Geboren 1974 in Bad Berleburg. Studium der Politikwissenschaft, Religionswissenschaft und Germanistik in Frankfurt/Main und London. In ihrer Dissertation untersuchte sie, wie die jüdische Siedlerbewegung das demokratische System des israelischen Staates nutzte, um den Osloer Friedensprozess in den 1990er Jahren nachhaltig zu behindern. Neben dem israelisch-palästinensischen Konflikt richten sich ihre Forschungsinteressen auf die Rolle von Religion in der internationalen Politik. Ihr aktuelles Projekt analysiert das Engagement religiöser Nichtregierungsorganisationen in unterschiedlichen Politikfeldern im Kontext der *Vereinten Nationen*. Claudia Baumgart-Ochse ist wissenschaftliche Mitarbeiterin und Mitglied des Vorstands der Hessischen Stiftung Friedens- und Konfliktforschung in Frankfurt/Main.

ALEXANDRA BELOPOLSKY: Geboren 1985 in Kharkiv, Ukraine. Im Alter von sechs Jahren nach Israel immigriert. 2004-2008 Studium der Politikwissenschaft und Massenkommunikationsmedien an der Bar-Ilan Universität. Nach dem B.A. Abschluss an der Journalisten-Schule *Koteret*. Erste Publikationen in unterschiedlichen israelischen Medien während des Studiums. 2009 Stipendiatin der Herbert Quandt-Stiftung im Programm »Trialog der Kulturen« und anschließendes Praktikum bei der *Jüdischen Allgemeinen*. Ab September 2013 Masterstudiengang *International Media Studies* an der Deutschen Welle Akademie. Sie arbeitet derzeit als freie Journalistin mit Veröffentlichungen in israelischen und europäischen Medien.

MICHA BRUMLIK: 1947 in der Schweiz geboren, siedelte 1952 nach Frankfurt/Main über. Er studierte in Frankfurt und Jerusalem Philosophie, Pädagogik, Soziologie und Psychologie. Nach einer philosophischen Promotion zu Kant an der Universität Frankfurt trat er 1978 eine Professur für Devianzpädagogik an der Universität Hamburg an. Von 1981-2000 war er Professor für Erziehungswissenschaft mit dem Schwerpunkt Sozialpädagogik an der Universität Heidelberg. Seit 2000 hat er die Professur für Theorien der Bildung und Erziehung an der Universität Frankfurt/Main inne. Während dieser Zeit war er von 2000-2005 Direktor des Fritz Bauer Instituts, dem Studien- und Dokumentationszentrum zur Geschichte des Holocaust und seiner Wirkung. Seine Forschung und Publikationen konzentrieren sich auf die Gebiete moralischer Sozialisation, der Erziehungs- und Bildungsphilosophie, sowie der jüdischen Kultur- und Religionsphilosophie. Darüber hinaus ist Micha Brumlik Mitherausgeber der »Blätter für deutsche und internationale Politik«.

JOACHIM HÖRSTER: Geboren 1945 in Lautzenbrücken, Westerwaldkreis. Nach dem Studium der Staats- und Rechtswissenschaft war er Bürgermeister der Verbandsgemeinde Westerburg. Vorsitzender der Parlamentariergruppe für die arabischsprachigen Staaten des Nahen Ostens. 1993-2005 Vorsitzender des CDU-Bezirksverbandes Koblenz-Montabaur. 1974 bis Juni 1994 Mitglied des Kreistages und des Kreisausschusses, 1983-1991 Vorsitzender der CDU-Fraktion des Kreistages des Westerwaldkreises; 1983-1987 Mitglied des Landtages Rheinland-Pfalz. Seit 1987 ist er Mitglied des Bundestages. Folgende Ämter hatte er inne: Mai 1992 bis März 2000 Parlamentarischer Geschäftsführer der CDU/CSU-Fraktion; Vorsitzender der CDU-Landesgruppe Rheinland-Pfalz; 2002-2009 Vorsitzender des Vermittlungsausschusses nach Art. 77 GG; seit September 2009 Sprecher der CDU-Landesgruppenvorsitzenden; Vizepräsident und Leiter der deutschen Delegation in der Parlamentarischen Versammlung des Europarates.

AMAL JAMAL: Geboren 1962 in Yarka, Israel. Studium der englischen Literatur und Politikwissenschaft an der *Hebrew University* in Jerusalem und Promotion an der Freien Universität Berlin. Seine Forschungsgebiete umfassen politische Theorie und Kommunikation, Nationalismus und Demokratie, Zivilgesellschaft und soziale Bewegungen. Direktor des *Executive Political Communication Graduate Program* und Direktor des Internationalen Programms der Politikwissenschaft der Universität Tel Aviv. Des Weiteren ist er Generaldirektor des *I'lam-Media Center* für Palästinenser in Israel. Seine Publikationen in den Bereichen politische Kommunikation sowie palästinensische und israelische Politik finden sich in den führenden internationalen Fachzeitschriften wieder.

SUSANNE KLATTEN: Geboren 1962 in Bad Homburg. 1984-1985 Business Studies an der *University of Buckingham* (UoB), BSc. 1988 Studium am *International Institute for Management Development* (IMD), Lausanne, MBA. Seit 1991 selbstständige Unternehmerin. Aufsichtsratsmandate in familiennahen Unternehmen: Stellvertretende Aufsichtsratsvorsitzende der ALTANA AG, Aufsichtsratsmitglied der BMW AG. Ferner ist sie Aufsichtsratsvorsitzende der SGL Carbon AG, Aufsichtsratsvorsitzende der UnternehmerTUM GmbH, Garching. Vorsitzende des Stiftungsrates der Herbert Quandt-Stiftung. Mitglied des Hochschulrates der Technischen Universität München.

LOAY MUDHOON: Deutsch-palästinensischer Politik- und Islamwissenschaftler, Nahostexperte der *Deutschen Welle* und Redaktionsleiter des Internetportals »Qantara.de – Dialog mit der islamischen Welt«. Seit 2005 Lehrbeauftragter am Institut für Internationale Politik und Außenpolitik und am Orientalischen Seminar der Universität zu Köln. Seine Forschungsschwerpunkte sind: Innerarabische Politikprozesse, Geopolitik im Nahen und Mittleren Osten, Grundlagen des Islamismus und Reformstrebungen im zeitgenössischen Islam.

BERNADETTE SCHWARZ-BOENNEKE: Geboren 1974 in München. 1994-2001 Studium der Philosophie und der katholischen Theologie in München und Paris. Während des Studiums freie Mitarbeiterin des Heinrich-Pesch-Hauses, Ludwigshafen, als Jugendbildungsreferentin für europapolitische Fragen und interkulturelles Lernen. Nach der Promotion in katholischer Theologie 2006 Studienleiterin an der Katholischen Akademie des Bistums Mainz, Erbacher Hof. Der Schwerpunkt der dortigen Arbeit lag auf der Konzeption, Organisation und Durchführung von Tagungen zu theologischen, ethischen und gesellschaftspolitischen Fragestellungen. Seit August 2011 Leiterin des Themenfeldes »Trialog der Kulturen«.

HANS-CHRISTIAN RÖSSLER: Geboren 1967 in Lohr am Main. Studium der Neueren Geschichte, Politik- und Islamwissenschaft in Erlangen. Abschluss des Studiums mit dem Magister an der *School of Oriental and African Studies* in London. An der Universität Oxford erwarb er ein Diplom in *Jewish Studies*. Im Anschluss an ein Volontariat bei der *Frankfurter Allgemeinen Zeitung* und einer freien Mitarbeit im englischen Programm der *Deutschen Welle* ist er seit 1996 Mitglied der politischen Redaktion der *FAZ*. Regionale Schwerpunkte bildeten in Frankfurt der Nahe Osten und Afrika. Seit 2009 berichtet er als Korrespondent der *FAZ* von Jerusalem aus über Israel und die Palästinensergebiete.

MOSHE SEMYONOV: Geboren 1946 in Israel. 1972-1977 Studium der Soziologie und Anthropologie an der Universität Tel Aviv und *State University New York at Stony Brook*. 1978 Promotion in Soziologie. Ehemaliger Präsident der israelischen Gesellschaft für Soziologie und Dekan der Fakultät für Sozialwissenschaften an der Universität Tel Aviv. Derzeit *Bernard & Audre Rapaport* Professor für Arbeitssoziologie an der Universität Tel Aviv. Professor für Soziologie an der *University of Illinois at Chicago* und Vorsitzender des Akademischen Ausschusses des Instituts für Immigration und Integration des *Ruppin Academic Center*. Seine Forschungsschwerpunkte liegen in den Bereichen der vergleichenden Schichtung und Ungleichheit, den Quellen des wirtschaftlichen, ethnischen und geschlechtlichen Ungleichgewichts sowie den Folgen der internationalen Migration. Zahlreiche Artikel zu Themen seiner Forschung wurden in soziologischen Zeitschriften und Büchern veröffentlicht.

RAINER SOLLICH: Geboren 1967 in Köln. Studium der Politischen Wissenschaft mit den Schwerpunkten Nahost und Türkei in Köln und Bonn. Wichtigste journalistische Stationen: Redakteur beim *Kölner-Stadt-Anzeiger* sowie Gastredakteur bei *Radio China International*, Peking. Stellvertretender Leiter Zentralredaktion *Deutsche Welle*; hat als Journalist unter anderem Syrien, Jemen, Libanon, Ägypten, Israel und die Palästinensischen Autonomiegebiete sowie Marokko, Tunesien und Algerien bereist. Seit 2007 Leiter der Arabischen Redaktion der Deutschen Welle, Bonn. Mitglied im Redaktionsbeirat des Dialogportals *qantara.de*.

SHIMON STEIN: Geboren 1948 in Chadera, Palästina. Studium der Modernen Geschichte an der *Hebrew University* in Jerusalem. 1974-1980 Leitender Analytiker am Zentrum für Politikforschung des israelischen Außenministeriums. 1980-1985 Botschaftsrat für politische Angelegenheiten in der israelischen Botschaft in Bonn. Weitere Stationen seiner Karriere waren unter anderen: 1988-1993 Gesandter-Botschaftsrat für politische Angelegenheiten, Botschaft des Staates Israel, Washington D.C. 1993-1997 Gesandter, Direktor der Abteilung für Waffenkontrolle und Abrüstung, Außenministerium des Staates Israel, Jerusalem. 1998 Stellvertretender Staatssekretär, Direktor der Abteilung für die GUS sowie die Mittel- und Osteuropäischen Länder im israelischen Außenministerium in Jerusalem. 2001-2007 israelischer Botschafter in Deutschland. Derzeit ist Shimon Stein als *Senior Fellow* am Institut für Nationale Sicherheitsstudien (INSS) an der Universität Tel Aviv tätig.

GIL YARON: Geboren 1973 in Haifa, Israel. In Düsseldorf aufgewachsen, studierte er nach dem Abitur an der *Brown University* in den USA und wanderte dann nach Israel aus. Nach dem obligatorischen Wehrdienst in der israelischen Armee entdeckte er während seines Medizinstudiums in Jerusalem die Liebe zum Schreiben. Heute arbeitet der ehemalige Molekularbiologe als Nahostkorrespondent für zahlreiche Zeitungen, Magazine und Radiosender in Deutschland, Österreich, Schweiz und Kanada. Seine Artikel erscheinen unter anderem in der *FAZ* und *SPIEGEL ONLINE*. Er verfasste mehrere Bücher zum Nahostkonflikt, darunter den bekannten historisch-politischen Stadtführer Jerusalem.

Die Herbert Quandt-Stiftung und der Trialog der Kulturen

Herbert Quandt-Stiftung

Den Bürger stärken – die Gesellschaft fördern

Gestiftet als Dank für die Lebensleistung des Unternehmers Dr. Herbert Quandt setzt sich die Herbert Quandt-Stiftung für die Stärkung und Fortentwicklung unseres freiheitlichen Gemeinwesens ein. Ausgangspunkt ihres Handelns in den Satzungsbereichen Wissenschaft, Bildung und Kultur ist entsprechend diesem Vorbild die Initiativkraft des Einzelnen und die Einsatzbereitschaft für andere. Die Stiftung will mit ihrem Wirken dazu beitragen, das Ideal des eigenständigen Bürgers zu fördern: Sie möchte Menschen anregen, ihre individuellen Begabungen zu entfalten und Verantwortung für sich sowie für das Gemeinwesen zu übernehmen.

Die Stiftung ist grundsätzlich operativ tätig in Form von längerfristigen Programmen. Sie greift gesellschaftspolitische Themen auf, erschließt sie in Kooperation mit der Wissenschaft, entwickelt praktikable Lösungsansätze und bringt sie in das Bewusstsein der Öffentlichkeit und der Politik. Sie möchte damit auch die politische Kultur unseres Landes fördern. Je nach Erfordernis setzt die Herbert Quandt-Stiftung auf Bündnisse mit anderen Institutionen und Organisationen, um den gesamtgesellschaftlichen Dialog zu befördern sowie andere zu ermutigen, die Anliegen der Stiftung aufzunehmen und weiterzutragen.

Trialog der Kulturen

Durch den Globalisierungsprozess auf der einen und die weltweite Migration auf der anderen Seite wird die räumliche Trennung zwischen unterschiedlichen Kulturen in einem bisher nicht gekannten Maße überwunden. Im Kontext dieses nach dem Ende des Ost-West-Antagonismus gestiegenen kulturellen Austauschs, sehen sich die unterschiedlichen Kulturen stärker auf sich selbst und die Notwendigkeit eigener Identitätsbegründung zurückgeworfen. Die scharfe Unterscheidung des Eigenen vom Fremden scheint für viele Menschen einen Ausweg aus der kulturellen Verunsicherung zu bieten. Oft genug werden aus Unterschieden dann Gegensätze.

Die Herbert Quandt-Stiftung rief den »Trialog der Kulturen« im Jahre 1996 ins Leben. Sie wollte dem damals erschienenen Buch *Clash of Civilizations* und der darin von Samuel Huntington beschriebenen Konfliktgefahr das Verständigungspotenzial der drei abrahamischen Weltreligionen und Kulturen – Judentum, Christentum und Islam – entgegensetzen. Ganz bewusst wird der Trialog der Kulturen daher als interkulturelles und nicht primär als interreligiöses Anliegen aufgefasst. Der Begriff des »Trialogs« macht deutlich, dass sich der von der Stiftung unterstützte interkulturelle Austausch auf das Judentum, das Christentum und den Islam und nicht auf beliebig viele Teilnehmer bezieht. Neben der jährlich stattfindenden Trialog-Konferenz initiiert und begleitet die Stiftung Projekte in den Bereichen Bildung und Medien.

Pausengespräche am Rande der Konferenz

Bildnachweis

Titel/S. 52: picture alliance / landov
S. 6 : Christof Eichert
S. 11, 115, 123, 147, 148-154, 156: Uli Planz
S. 41, 66, 121: Roman Weigand
S. 64: Theresa Breuer
S. 149: Felix Rettberg
S. 13, 17, 47, 73, 79, 106, 125, 129, 142: picture alliance / dpa
S. 31: picture alliance / Associated Press
S. 90: picture alliance / AP Photo

Impressum

HERAUSGEBER
Herbert Quandt-Stiftung
Am Pilgerrain 15
61352 Bad Homburg v.d.Höhe
www.herbert-quandt-stiftung.de

VERLAG
Herder-Verlag GmbH
Hermann-Herder-Str. 4
79104 Freiburg

TEXTREDAKTION
Dr. Bernadette Schwarz-Boenneke
Stephanie Hohn

LEKTORAT
Stephanie Hohn
Leena Kozhuppakalam

ÜBERSETZUNG
Monika Miller

GESTALTUNGSKONZEPT
Stählingdesign, Darmstadt

SATZ UND BILDBEARBEITUNG
Arnold & Domnick, Leipzig

HERSTELLUNG
freiburger graphische betriebe · fgb

September 2013

ISBN 978-3-451-33277-7